AF257322

# GUIDE RÉPERTOIRE

DES

# ÉCOLES DE FRANCE

POUR SERVIR

## AU CHOIX D'UNE CARRIÈRE

PAR

## A. MICHON

Directeur d'école à Paris, Chevalier du Mérite agricole.

NOUVELLE ÉDITION

PARIS

ARMAND COLIN ET Cⁱᵉ, ÉDITEURS

5, RUE DE MÉZIÈRES, 5

1896

Tous droits réservés.

# GUIDE RÉPERTOIRE

## DES

# ÉCOLES DE FRANCE

POUR SERVIR

# AU CHOIX D'UNE CARRIÈRE

PARIS. — IMPRIMERIE F. CAPIOMONT ET Cⁱᵉ

6, RUE DES POITEVINS, 6

# GUIDE RÉPERTOIRE

DES

# ÉCOLES DE FRANCE

POUR SERVIR

# AU CHOIX D'UNE CARRIÈRE

PAR

## A. MICHON

Directeur d'école à Paris, Chevalier du Mérite Agricole.

NOUVELLE ÉDITION

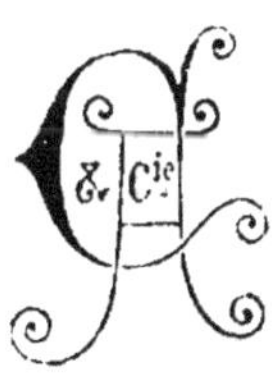

PARIS

ARMAND COLIN ET Cᵉ, ÉDITEURS

5, RUE DE MÉZIÈRES, 5

1896

# PRÉFACE

On répète sans cesse que rien n'est plus difficile que de choisir une carrière.

On peut ajouter que, lorsqu'on a fait choix d'une profession, on ignore le plus souvent les voies qui y préparent.

Une foule d'écoles ont été créées: mais qui sait exactement où elles conduisent, à quelles conditions on y entre, combien de temps les jeunes gens doivent y séjourner?

Quand on va aux informations, de nouvelles difficultés surgissent. Les renseignements sont souvent incomplets, et bien des fois il arrive que, connaissant une école, on ne sait pas que telle autre est préférable, étant donné le but qu'on se propose.

Que de pères de famille ont regretté que l'on n'ait pas résumé dans un tableau des indications si utiles!

Nous avons essayé de combler cette lacune en rassemblant dans un ordre clair et méthodique tous les renseignements qui sont nécessaires.

On trouvera dans notre tableau toutes les Écoles de France (civiles et militaires) inscrites suivant l'ordre alphabétique. A la suite de chaque École, dans le sens horizontal, sont indiqués le régime de l'école, le prix de l'externat ou de la pension, la durée des études, l'âge et les moyens d'admission.

Dans le sens vertical, on trouve successivement les conditions, les titres exigés des élèves, les programmes des examens d'entrée ou des concours, les titres ou les emplois qu'on peut obtenir à la sortie ainsi que les carrières qui sont ouvertes.

Ce travail, qui a exigé de bien longues recherches, sera apprécié, nous le croyons.

D'avance, il a sa place marquée dans les familles.

Tout chef d'institution tiendra à posséder ce guide qui permet de trouver instantanément les voies qu'il faut suivre pour se diriger vers une carrière.

# GUIDE RÉPERTOIRE

# DES ÉCOLES DE FRANCE

## POUR SERVIR

## AU CHOIX D'UNE CARRIÈRE

1. **Académie de France à Rome** (Villa Médicis).
2. **Administration de la marine** (École d') à Brest (Finistère).
3. **Administration militaire** (École d') à Vincennes (Seine).
4. **Administration et de comptabilité** (Cours d') (Marine) à Cherbourg, Brest, Lorient, Rochefort et Toulon.
5. **Agriculture** (Écoles nationales d') à Grignon (Seine-et-Oise), Grand-Jouan (Loire-Inférieure), Montpellier (Hérault).
6. **Agriculture** (École nationale d') et d'horticulture à Versailles (Seine-et-Oise).
7. **Agriculture** (Institut national agronomique d') (École supérieure de l'Agriculture) Paris, rue Claude-Bernard, 54 (Ferme expérimentale de l'Institut agronomique) à Joinville-le-Pont.
8. **Agriculture** (École pratique d') à Saint-Bon (Haute-Marne).
9. **Agriculture** (École pratique d') d'irrigation et de drainage, au Lézardeau (Finistère).
10. **Agriculture** (École pratique d') et de viticulture de Rouiba, par Alger.
11. **Agriculture** (École pratique d') et de viticulture de Valabre, par Gardanne (Bouches-du-Rhône).
12. **Agriculture** (École pratique d') et de viticulture de Beaune (Côte-l'Or).
13. **Agriculture** (École pratique d') de Neubourg (Eure).
14. **Agriculture** (École pratique d') au château de Tomblaine, près Nancy (Meurthe-et-Moselle).
15. **Agriculture** (École pratique d') du Grand-Resto (Morbihan).
16. **Agriculture** (École pratique d') des Merchines (Meuse).
17. **Agriculture** (École pratique d') de Berthonval (Pas-de-Calais).
18. **Agriculture** (École pratique d') de La Molière (Puy-de-Dôme).
19. **Agriculture** (École pratique d') d'Écully (Rhône).
20. **Agriculture** (École pratique d') d'Aumale (Seine-Inférieure).
21. **Agriculture** (École pratique d') de Paraclet (Somme).
22. **Agriculture** (École pratique d') de Saint-Rémy (Haute-Saône).
23. **Agriculture** (École pratique d') et de laiterie de Saulxures-sur-Moselotte (Vosges).
24. **Agriculture** (École pratique d') de La Brosse (Yonne).
25. **Agriculture** (École pratique d') de l'Allier à Gennetines, par Saint-Ennemond.
26. **Agriculture** (École pratique d') des Trois-Croix par Rennes (Ille-et-Vilaine).
27. **Agriculture** (École pratique d') du Chesnoy, par Montargis (Loiret).
28. **Agriculture** (École pratique d') de Crézancy (Aisne).
29. **Agriculture** (Fermes-écoles) à Royat (Ariège), Besplas (Aude), Poilboreau (Charente-Inférieure), Launoy (Cher), Les Plaines (Corrèze), La Roche (Doubs), Castelnau-les-Nauzes (Haute-Garonne), La Hourre (Gers), Machorre (Gironde), Nolhac

(Haute-Loire), Le Montat (Lot), Chazeirolettes (Lozère), Saint-Michel (Nièvre), Saint-Gautier (Orne), La Pilletière (Sarthe), Montlouis (Vienne), Chavaignac (Haute-Vienne), Beaufroy (Vosges).

30. **Agriculture** (École des Bergers) à Rambouillet (Seine-et-Oise).

31. **Agriculture** (École des Bergers) à Moudjebeur (Algérie).

32. **Agriculture et laiterie** (École pratique d') de la Manche, à la ferme du Vieux-Château, commune de Coigny.

33. **Agriculture et laiterie** (École pratique d') de la Vendée, à Pétré, près Luçon.

34. **Agriculture et irrigation** (École pratique d') d'Avignon (Vaucluse).

35. **Alsacienne** (École) rue Notre-Dame-des-Champs, 109 et rue d'Assas, 128 (Paris).

36. **Apprentis** (École municipale d') Diderot (métaux et bois) 60, boulevard de la Villette (Paris).

37. **Apprentis** (École d') de l'Institution commerciale et industrielle, route d'Espagne, 152, à Bordeaux (Gironde).

38. **Apprentissage** (École d') (Fer et bois) de Dellys (Algérie).

39. **Apprentissage** (Écoles manuelles d') et Écoles primaires supérieures préparatoires au commerce et à l'industrie (Écoles départementales et communales (garçons) à Bohain (Aisne), à Benni-Yenni, à Michelet et à Teniet-el Haad (Algérie), à Bar-sur-Seine (Aube), à Nîmes (Gard), à Aire (Landes), à Saint-Chamond et à St-Étienne (Loire), à Agen (Lot-et-Garonne), à Fourmies (Nord), au Mans (Sarthe), au Havre, à Rouen et à Montivilliers (Seine-Inférieure), à Friville-Escarbotin et à Amiens (Somme), à La Seyne et à Toulon (Var), à l'Isle-sur-Sorgue et à Valréas (Vaucluse).

40. **Apprentissage** (Écoles manuelles d') et Écoles supérieures préparatoires au commerce et à l'industrie (Écoles départementales et communales) (filles) à Melun (Seine-et-Marne), au Havre, à Rouen (Seine-Inférieure), à Quimperlé (Finistère), à Saint-Chamond et à Saint-Étienne (Loire), à Bléneau (Yonne).

41. **Apprentissage** (École manuelle d') (garçons) (métaux et bois) rue d'Échange, 8, à Rennes (Ille-et-Vilaine).

42. **Architecture** (École spéciale d') 136, boulevard Montparnasse (Paris).

43. **Artillerie et Génie** (École d'application de l') à Fontainebleau (Seine-et-Marne).

44. **Artillerie du Génie et du train des équipages militaires** (École des sous-officiers de l') à Versailles (Seine-et-Oise).

45. **Arts décoratifs** (École nationale des) 5, rue de l'École-de-Médecine (Paris).

46. **Art décoratif** (École d') et de Tapisserie de la Manufacture nationale des Gobelins, 42, avenue des Gobelins (Paris).

47. **Art décoratif** (École d') de la Manufacture de Beauvais (Oise).

48. **Arts et Métiers** (École d') à Aix (Bouches-du-Rhône), à Angers (Maine-et-Loire), à Châlons-sur-Marne (Marne).

49. **Arts et Métiers** (École communale des) rue Gonod, à Clermont-Ferrand (Puy-de-Dôme).

50. **Athènes** (École d')

51. **Aveugles** (Institution nationale des Jeunes) 56, boulevard des Invalides (Paris).

52. **Beaux-Arts** (École nationale des) 14, rue Bonaparte (Paris).

53. **Beaux-Arts** (École nationale des) à Lyon (Rhône).

54. **Beaux-Arts** (École nationale des) à Dijon (Côte-d'Or).

55. **Beaux-Arts** (École nationale des) à Bourges (Cher) (jeunes gens et jeunes filles).

56. **Beaux-Arts** (École nationale des) à Alger (jeunes gens et jeunes filles).

57. **Beaux-Arts** (École spéciale municipale d'application des) à l'industrie (*Bernard-Palissy*) 19, rue des Petits-Hôtels (Paris).

58. **Bègues** (Institution des) 82, avenue Victor-Hugo (Paris).

59. **Bègues** (Institut des) place Centrale, 1, à Marseille (Bouches-du-Rhône).

60. **Bonneterie** (École française de) à Troyes (Aube).

61. **Braille** (École) départementale primaire et professionnelle pour les enfants aveugles des deux sexes 5, rue Mongenot, à Saint-Mandé (Seine).

62. **Canonnage** (École de) à bord de la *Couronne*, à Toulon.

109. **Hydrographie** (École d') 13, rue de l'Université (Paris).

110. **Hydrographie** (Écoles d') à Agde, Bastia, Bordeaux, Brest, Dunkerque, Granville, Le Havre, Marseille, Nantes, Paimpol, Saint-Malo, Vannes.

111. **Industriel** (Institut) du nord de la France, rue Jeanne d'Arc, à Lille (Nord).

112. **Industrielle** (École) annexée au collège (garçons) à Saumur (Maine-et-Loire).

113. **Industrielle** (École) annexée au collège à Flers (Orne).

114. **Industrielle** (École) des Vosges, annexée au collège, à Épinal.

115. **Infanterie** (École militaire d') à Saint-Maixent (Deux-Sèvres).

116. **Instruction aérostatique** (École d') à Chalais (Charente).

117. **La Flèche** (École de) (Sarthe) Prytanée militaire.

118. **La Martinière** (École des sciences et des arts industriels) à Lyon (Rhône).

119. **La Martinière** (École professionnelle) (filles) 20, rue Royale, à Lyon (Rhône).

120. **Langues orientales vivantes** (École spéciale des) 2, rue de Lille (Paris).

121. **Le Caire** (École française de).

122. **Louvre** (École du) cour Lefuel, au Louvre (Paris).

123. **Lycée Voltaire** (garçons) avenue de la République (Paris).

124. **Lycée Buffon**, boulevard de Vaugirard (Paris).

125. **Lycée Charlemagne** (garçons) rue Saint-Antoine (Paris).

126. **Lycée Condorcet** (garçons) 65, rue Caumartin et 8, rue du Havre — Petit lycée — 61, rue d'Amsterdam (Paris).

127. **Lycée Saint-Louis** (garçons) 44, boulevard Saint-Michel (Paris).

128. **Lycée de Versailles** (garçons) (Seine-et-Oise), 73, avenue de Saint-Cloud et 72, boulevard de la Reine.

129. **Lycée Henri IV** (garçons) 23, rue Clovis (Panthéon), **Janson-de-Sailly** (Passy), **Louis-le-Grand**, (123, rue Saint-Jacques), Paris. **Michelet** à Vanves (Seine).

130. **Lycée Montaigne** (ancien petit lycée Louis-le-Grand, rue Auguste Comte (Luxembourg), à Paris.

131. **Lycée Fénelon** (filles) 43, rue Saint-André-des-Arts, **Molière**, 71, rue du Ranelagh, **Racine**, 28, rue du Rocher (Paris).

132. **Lycée Carnot** (garçons), 145, boulevard Malesherbes (Paris).

133. **Maistrance** (École supérieure de) à Brest.

134. **Maistrance** (Écoles de) à Brest, Cherbourg, Lorient, Rochefort, Toulon.

135. **Manufactures de l'État** (École d'application des) Quai d'Orsay (Paris).

136. **Marine** (Établissement des pupilles de la) à Brest (Finistère).

137. **Marins** (École des apprentis) en rade de Brest (Finistère).

138. **Matelotage** (École de) (Gabiers) à bord de la *Résolu*.

139. **Mécaniciens** (École des) des Équipages de la flotte, à Toulon (Var) et à Brest (Finistère).

140. **Mécaniciens** (École municipale d'apprentis) pour la Marine, au Havre (Seine-Inférieure).

141. **Médecine** (Écoles de) à Paris, Montpellier, Nancy.

142. **Médecine navale** (Écoles de) à Brest, Toulon, Rochefort.

143. **Médecine et pharmacie** (Écoles préparatoires de) à Alger, Amiens, Angers, Besançon, Caen, Clermont, Dijon, Grenoble, Limoges, Poitiers, Reims, Rennes, Rouen, Tours.

144. **Médecine et pharmacie militaires** (École d'application de) au Val-de-Grâce (Paris).

145. **Médecine et pharmacie** (Écoles mixtes de) à Bordeaux, Lille, Lyon.

146. **Médecine et pharmacie** (Écoles de) de plein exercice à Marseille, Nantes, Toulouse.

147. **Militaires** (Écoles) **préparatoires** à Rambouillet (Seine-et-Oise), Montreuil-sur-Mer (Pas-de-Calais), Saint-Hippolyte-du-Fort (Gard), Les Andelys (Eure), *Autun* (*Saône-et-Loire*) *cavalerie*, Billom (Puy-de-Dôme) (artillerie, génie et train).

148. **Mines** (École nationale supérieure des) 60, boulevard Saint-Michel (Paris).

149. **Mines** (École des) de Saint-Étienne (Loire).

150. **Mineurs** (École des Maîtres ouvriers) d'Alais (Gard).

151. **Mineurs** (École des Maîtres mineurs) de Douai (Nord).

152. **Mousses** (École des) (régime militaire) en rade de Brest (Finistère).

153. **Municipales supérieures** (Écoles) **Turgot,** 69, rue Turbigo, **Colbert,** 28, rue Château-Landon, **Lavoisier** 19, rue Denfert-Rochereau, **Arago** 1, place de la Nation, **Sophie-Germain** (filles) 9, rue de Jouy (Paris).

154. **Navale** (École) à Brest (Finistère).

155. **Normale** (École supérieure), rue d'Ulm, 45 (Paris).

156. **Normales primaires supérieures** (Instituteurs) à Saint-Cloud (Seine-et-Oise) (Institutrices) à Fontenay-aux-Roses (Seine).

157. **Normales** (Écoles) d'instituteurs et d'institutrices.

158. **Normale** (École) secondaire (jeunes filles) à Sèvres (Seine-et-Oise).

159. **Orphelinat militaire** (Hériot) à La Boissière (Seine-et-Oise).

160. **Ouvriers et contre-maîtres** (École nationale pratique d') de Cluny (Saône-et-Loire).

161. **Pharmacie** (Écoles supérieures de) à Paris, Montpellier. Nancy.

162. **Physique et chimie industrielles** (École municipale de) 42, rue Lhomond (Paris).

163. **Pilotage** (École de) à bord de *l'Élan.*

164. **Polytechnique** (École) 5, rue Descartes (Paris).

165. **Ponts et Chaussées** (École des) 28, rue des Saints-Pères (Paris).

166. **Postes et Télégraphes** (École professionnelle supérieure des) 103, rue Grenelle-Saint-Germain (Paris).

167. **Professionnelles** (Écoles nationales) (garçons) à Voiron (Isère) (bois, métaux, céramique, tissage), à Vierzon (Cher) (toiles et soieries) et à Armentières (Nord) (tissage).

168. **Professionnelle** (École municipale Estienne) des industries du Livre. 14, rue Vauquelin (Paris).

169. **Professionnelle** (École municipale) d'ameublement (École Boule) 25, rue de Reuilly (Paris).

170. **Professionnelle** (École) centrale des métaux précieux et artistiques, 63, rue de Malte (Paris).

171. **Professionnelle** (École Gutenberg) 11, rue Denfert-Rochereau et 29, rue Nicole (Paris).

172. **Professionnelles** (Écoles) Élisa-Lemonnier, 70, rue d'Assas, 6e arrondissement; 24, rue Duperré, 9e arrondissement; 11, rue des Boulets, 11e arrondissement(Paris).

173. **Professionnelle** (École municipale) 16, rue Bouret (Paris).

174. **Professionnelle** (École) des Ternes. 22 *bis*, rue Bayen, 17e arrondissement (Paris).

175. **Professionnelle** (École) 37, rue Libergier, à Reims (Marne).

176. **Professionnelle** (École) Livet. Enseignement professionnel et technique, ajustage, fonderie, menuiserie, forge, modelage, laboratoire de chimie. *École d'horlogerie,* à Nantes (Loire-Inférieure).

177. **Professionnelle** (École régionale) à Saint-Quentin (Aisne).

178. **Professionnelle** (École) Dombre, 5, boulevard Notre-Dame, à Aix (Bouches-du-Rhône).

179. **Professionnelle** (École) Fabre, à Aix (Bouches-du-Rhône).

180. **Professionnelle** (École primaire supérieure) (garçons) à Joinville (Haute-Marne).

181. **Professionnelle** (École municipale) Vaucanson (garçons), à Grenoble (Isère).

182. **Professionnelle** (École municipale) (garçons) 11, avenue de Launay, à Nantes (Loire-Inférieure).

183. **Professionnelle** (École) de l'Est. 17, rue des Jardiniers, à Nancy (Meurthe-et-Moselle).

184. **Professionnelle** (École primaire supérieure) à Saint-Fargeau (Yonne).

185. **Professionnelle** (École) (fer, bois, modelage) rue Schneider, à Oran (Algérie).

186. **Professionnelle** (École municipale) Auguste-Drouot (filles) 66, Grande-Rue, à Nancy (Meurthe-et-Moselle).

187. **Professionnelle manufacturière** (École) (garçons) 34, rue de Caudebec, à Elbeuf (Seine-Inférieure).

188. **Professionnelle et industrielle** (École) 11, rue de la Paroisse, à Versailles (Seine-et-Oise).

189. **Professionnelle ménagère** (École municipale) 20, rue Fondary (Paris).

190. **Professionnelle et ménagère** (École municipale) 26, rue Ganneron (Paris).

191. **Professionnelle ménagère** (École municipale) 77, rue de la Tombe-Issoire (Paris).

192. **Professionnelle et ménagère** (École municipale) 14. rue Bossuet (Paris).

193. **Professionnelle et ménagère** (École) 10, rue des Boucheries, à Reims (Marne).

194. **Pyrotechnie militaire** (École centrale de) à Bourges (Cher).

195. **Rollin** (Collège municipal) 12, avenue Trudaine (Paris).

196. **Rome** (École française de) (palais Farnèse).

197. **Saint-Cyr** (École spéciale militaire de) Seine-et-Oise.

198. **J.-B. Say** (École municipale supérieure) 11 *bis*, rue d'Auteuil (Paris).

199. **Sciences** (École des) et des **Lettres** à Rouen (Seine-Inférieure).

200. **Sciences politiques** (École libre des) 27, rue Saint-Guillaume (Paris).

201. **Service de santé militaire**, à Lyon (Rhône).

202. **Sourds-muets** (Institution nationale des) 254, rue Saint-Jacques (Paris).

203. **Sourds-muets** (Institution nationale des) de Chambéry (Savoie).

204. **Sourdes-muettes** (Institution nationale des) de Bordeaux, rue Saint-Sernin (Gironde).

205. **Sully** (École supérieure de commerce) 56, rue d'Aboukir et 54, rue Saint-Sauveur (Paris).

206. **Tailleurs** (École professionnelle des apprentis) 99, rue Montmartre (Paris).

207. **Télégraphie** (École supérieure de) 103, rue Grenelle-Saint-Germain (Paris).

208. **Timonerie** (École de) à bord de la *Couronne*.

209. **Tir** (École normale de) au camp de Châlons (Marne) et écoles régionales au camp de Châlons, au camp de Ruchard (Indre-et-Loire), au camp de la Valbonne (Ain).

210. **Tissage** (École de) à Sedan (Ardennes).

211. **Tissus d'art** (École municipale de fabrication de) et de dessin industriel et décoratif, à Nîmes (Gard).

212. **Torpilleurs** (École des) à Toulon, à bord de l'*Algésiras*.

213. **Typographie** (École professionnelle de) Imprimerie Chaix, 20, rue Bergère (Paris).

214. **Vétérinaires** (Écoles nationales), à Alfort (Seine), Lyon (Rhône), Toulouse (Haute-Garonne).

# GUIDE RÉPERTOIRE
# DES ÉCOLES DE FRANCE

### POUR SERVIR

## AU CHOIX D'UNE CARRIÈRE

| CONDITIONS — Titres des élèves à l'entrée de l'École. | PROGRAMMES D'ADMISSION | Titres et Emplois à la sortie de l'École. |
| --- | --- | --- |
| **1. ACADÉMIE DE FRANCE (à Rome, Villa Médicis).** — *Traitement* 3 510 fr. 3 et 1 ans. — Moins de 30 ans. — Concours. | | |
| Compositeurs de musique, graveurs en taille douce, peintres, sculpteurs, architectes, graveurs en médailles ou pierres fines (1ers grands prix.) | (Épreuves en loge.) | Ces artistes prennent part ordinairement aux grands travaux commandés par le gouvernement. (Les architectes vont un an à Athènes.) |
| **2. ADMINISTRATION DE LA MARINE (École d') à Brest (Finistère).** — Concours. 2 ans. *Stagiaires :* traitement 1 818 fr. (élèves appointés). — 24 ans au plus. | | |
| Diplôme de licencié en droit. | Dissertation française. Dissertation sur une question de droit, Arithmétique, Géométrie. | Aides-commissaires de la marine. Grade dans la marine assimilé à celui d'enseigne de vaisseau ou de lieutenant dans l'armée de terre. |
| **3. ADMINISTRATION MILITAIRE (École d), à Vincennes (Seine).** — Élèves stagiaires, 1 an. — Jusqu'à 27 ans. — Concours. | | |
| Sous-officier de toutes armes admis au stage administratif. Les engagés conditionnels des sections de commis, ouvriers et infirmiers militaires ayant satisfait aux examens de fin d'année. | Dictée, Histoire de France, Géographie, Arithmétique, Géométrie, Administration militaire, Comptabilité d'une compagnie et établissement de documents relatifs à cette comptabilité. | Adjudants-élèves d'administration. |

| CONDITIONS — Titres des élèves à l'entrée de l'École. | PROGRAMMES D'ADMISSION | Titres et Emplois à la sortie de l'École. |
|---|---|---|

**4. ADMINISTRATION ET DE COMPTABILITÉ (Cours d') (Marine), à Cherbourg, Brest, Lorient, Rochefort et Toulon. — 7 mois.**

| | | |
|---|---|---|
| Seconds-maîtres et quartiers-maîtres fourriers. | Pas d'examen. | Fourriers instruits tenant les écritures des bâtiments commandés par des capitaines-comptables. |

**5. AGRICULTURE (Écoles nationales d'), Grignon (Seine-et-Oise), Grand-Jouan (Loire-Inférieure), Montpellier (Hérault). — *Internes :* Grignon 1 200 fr. Grand-Jouan et Montpellier 1 000 fr. *Demi-pensionnaires* de Montpellier : 600 fr. *Externes :* 100 fr. *Auditeurs libres :* 50 fr. par trimestre. 2 ans et demi. — 16 ans. Concours (bourses et demi-bourses).**

| | | |
|---|---|---|
| Pas de conditions. Auditeurs libres. (Étrangers admis en qualité d'externes ou d'auditeurs libres). | *Épreuves écrites.* Composition française et dictée. Solution d'un problème d'Arithmétique ou d'Algèbre et d'un problème de Géométrie. Physique. Chimie, Histoire naturelle. *Épreuves orales.* Arithmétique, Algèbre, Géométrie, Physique, Chimie, Histoire naturelle, Géographie. | Diplôme d'École nationale d'agriculture ou certificat d'études. Enseignement agricole, gestion des domaines ruraux. (Les jeunes gens diplômés ne sont astreints qu'à un an de présence sous les drapeaux). |

**6. AGRICULTURE (École nationale d') et d'Horticulture, à Versailles. — *Externat gratuit. Élèves titulaires.* 3 ans. — 16 à 26 ans. — Examen.**

| | | |
|---|---|---|
| Avec le certificat d'études ou le certificat d'apprentissage d'une école pratique d'agriculture (ou d'une ferme école). (Sans examen). | Dictée, Rédaction, Écriture, Arithmétique et système métrique. Histoire de France. Géographie de la France. | Certificat d'études. Bourses (au concours). Enseignement agricole. Jardiniers instruits. |

**7. AGRICULTURE (Institut national agronomique) (École supérieure de l'Agriculture), 54, rue Claude-Bernard. Paris. (Ferme expérimentale de l'Institut agronomique, à Joinville-le-Pont). — *Externat :* 500 fr. *Auditeurs :* 50 fr. — 2 ans. — 17 ans. — Examen. Bourses au concours.**

| | | |
|---|---|---|
| Il est tenu compte des titres suivants : baccalauréat ès lettres, ès sciences ou de l'enseignement secondaire spécial. — Brevet supérieur. Diplôme des écoles nationales d'agriculture ou des écoles nationales vétérinaires. (Auditeurs libres). (Étrangers admis). | Arithmétique, Physique, Chimie. Géographie physique et économique, Cosmographie. Mécanique, Narration française, Géométrie élémentaire, Algèbre. Trigonométrie, Dessin linéaire, Géométrie descriptive, Géométrie cotée. Allemand, Anglais, Espagnol, Italien ou Arabe. | Diplôme de l'enseignement supérieur de l'agriculture ou certificat d'études. Ingénieurs agricoles. Chimistes. Haras (4 admissions). Forêts. |

| CONDITIONS — Titres des élèves à l'entrée de l'École. | PROGRAMMES D'ADMISSION | Titres et Emplois à la sortie de l'École. |
|---|---|---|

**8. AGRICULTURE** (École pratique d'), à Saint-Bon (Haute-Marne). — *Internes :* 450 fr. *Demi-pension :* 200 fr. *Externes :* 50 fr. 2 ans. — 15 ans. — (Dispenses ministérielles à 14 ans révolus). Bourses. Examen.

| Avec le baccalauréat ès lettres ou ès sciences ou le certificat d'études primaires, sans examen. | Écriture, Langue française, Arithmétique, Histoire de France, Géographie de la France. | Diplôme. Brevet de capacité donnant droit de concourir pour les bourses instituées dans les écoles nationales d'agriculture. Cultivateurs et fermiers habiles. |

**9. AGRICULTURE** (École pratique d'irrigation et de drainage), au Lézardeau (Finistère). — *Internat :* 500 fr. *Externat gratuit.* 2 ans. — En première année, 15 ans. En deuxième année, 16 ans. — Examen. Bourses.

| (Auditeurs libres). | Langue française, Narration ou Dictée, Arithmétique, Géométrie. | Certificat d'instruction. Cultivateurs et fermiers habiles. |

**10. AGRICULTURE** (École pratique d') et de Viticulture de Rouïba, par Alger. — *Internat :* 600 fr. 2 ans. — 14 à 18 ans. — Examen. Bourses au concours.

| Avec le baccalauréat ès lettres ou le baccalauréat ès sciences ou le diplôme de l'enseignement primaire (sans examen). | Langue française, Arithmétique et système métrique, Histoire de France, Géographie de la France. | Certificat d'études. Agriculteurs instruits. |

**11. AGRICULTURE** (École pratique d') et de Viticulture de Valabre, par Gardanne (Bouches-du-Rhône). — *Internes :* 400 fr. *Demi-pension :* 200 fr. *Externes gratuits.* 3 ans. — 13 à 18 ans. — Examen. Bourses.

| Avec le certificat d'études primaires ou le brevet de l'enseignement secondaire spécial (sans examen). | Langue française, Arithmétique et système métrique, Histoire de France, Géographie de la France. | Certificat d'études. Cultivateurs et vignerons instruits. |

**12. AGRICULTURE** (École pratique d') et de viticulture de Beaune (Côte-d'Or). — *Internes :* 500 fr. *Demi-pension :* 250 fr. *Externes :* 50 fr. 3 ans. — 13 à 18 ans. — Examen. Bourses.

| Avec le certificat d'études primaires ou le brevet de l'enseignement secondaire spécial (sans examen). | Orthographe, Style, Arithmétique, système métrique, Histoire de France, Géographie de la France. | Diplôme. Cultivateurs, fermiers et vignerons instruits |

| CONDITIONS — Titres des élèves à l'entrée de l'École. | PROGRAMMES D'ADMISSION | Titres et Emplois à la sortie de l'École. |
|---|---|---|

**13. AGRICULTURE (École pratique d') du Neubourg (Eure).** — *Internes :* 500 fr. *Demi-pension :* 250 fr. *Externes :* 100 fr. 3 ans. — 13 à 18 ans. — Concours. Bourses.

| Avec le certificat d'études primaires (sans examen). | Orthographe, Style, Arithmétique. Histoire de France, Géographie de la France. | Diplôme. Cultivateurs et fermiers instruits. |
|---|---|---|

**14. AGRICULTURE (École pratique d'), au château de Tomblaine, près Nancy (Meurthe-et-Moselle).** — *Internes :* 600 fr. *Externes :* 200 fr. 2 ans. — 15 ans. — Bourses au concours. Examen.

| Avec le baccalauréat ès lettres ou le baccalauréat ès sciences ou le brevet de l'enseignement secondaire spécial (sans examen). (Auditeurs libres). | Dictée, Grammaire, Arithmétique et système métrique, Histoire de France, Géographie de la France. | Diplôme. Cultivateurs et fermiers instruits. Enseignement agricole. |
|---|---|---|

**15. AGRICULTURE (École pratique d') du Grand-Resto (Morbihan).** — *Internes :* 350 fr. *Demi-pension :* 200 fr. *Externes :* 50 fr. 2 ans. — 14 à 18 ans. — Examen. Bourses.

| Avec le certificat d'études primaires (sans examen). | Orthographe, Style, Arithmétique et système métrique, Histoire de France, Géographie de la France. | Certificat d'études. Cultivateurs et fermiers habiles. |
|---|---|---|

**16. AGRICULTURE (École pratique d') des Merchines (Meuse).** — *Internat :* 100 fr. 2 ans. — 15 ans. — Examen. Bourses.

| Pas de conditions. | Dictée, Arithmétique, Histoire de France, Géographie de la France. | Brevet de capacité. Cultivateurs habiles. |
|---|---|---|

**17. AGRICULTURE (École pratique d') de Berthonval (Pas-de-Calais).** — *Internes :* 100 fr. *Demi-pension :* 200 fr. *Externes :* 50 fr. 3 ans. — 13 à 18 ans. — Examen. Bourses.

| Avec le certificat d'études primaires (sans examen). | Orthographe, Style, Arithmétique et système métrique, Histoire de France, Géographie de la France. | Diplôme. Cultivateurs et fermiers habiles. |
|---|---|---|

| CONDITIONS — Titres des élèves à l'entrée de l'École. | PROGRAMMES D'ADMISSION | Titres et Emplois à la sortie de l'École. |
|---|---|---|

**18. AGRICULTURE (École pratique d'), à La Molière (Puy-de-Dôme).** — *Internes :* 400 fr. *Externes gratuits.* 3 ans. — 11 à 18 ans. — Examen. Bourses au concours.

| | | |
|---|---|---|
| Avec le baccalauréat ès sciences ou le baccalauréat ès lettres ou un certificat d'études primaires ou un diplôme de l'enseignement primaire (sans examen). L'examen est le même pour les bourses. | Langue française, Arithmétique et système métrique, Histoire de France, Géographie de la France. | Certificat d'études. Enseignement agricole. Cultivateurs et fermiers habiles. |

**19. AGRICULTURE (École pratique d') d'Ecully (Rhône).** — *Internes :* 150 fr. *Externes :* 50 fr. 3 ans. — 11 ans. — Examen. Bourses au concours.

| | | |
|---|---|---|
| Avec le brevet de l'enseignement primaire supérieur ou le certificat d'études de la Martinière (sans examen). | Orthographe, Style, Arithmétique et système métrique, Histoire de France, Géographie de la France. | Certificat d'études. Agriculteurs capables et instruits. |

**20. AGRICULTURE (École pratique d') d'Aumale (Seine-Inférieure).** — *Internes :* 500 fr. *Demi-pension :* 250 fr. *Externes :* 50 fr. 3 ans. — 13 à 18 ans. — Examen. Bourses.

| | | |
|---|---|---|
| Avec le certificat d'études primaires (sans examen). | Orthographe, Style, Arithmétique et système métrique, Histoire de France, Géographie de la France. | Certificat d'études. Cultivateurs et fermiers habiles. |

**21. AGRICULTURE (École pratique d') de Paraclet (Somme).** — *Internat :* 150 fr. 3 ans. — 13 à 18 ans. — Examen. Bourses au concours.

| | | |
|---|---|---|
| Avec un diplôme de bachelier ou un brevet de l'enseignement primaire (sans examen). | Orthographe, Style, Arithmétique et système métrique, Histoire de France, Géographie de la France. | Diplôme. Cultivateurs et fermiers habiles. |

**22. AGRICULTURE (École pratique d') de Saint-Rémy (Haute-Saône).** — *Pension :* 25, 50 ou 100 fr. par mois. 2 ans et demi. — 15 ans. — Examen. Bourses au concours.

| | | |
|---|---|---|
| Pas de conditions. | Faire preuve d'une instruction élémentaire. | Certificat d'études. Agriculteurs habiles. |

| CONDITIONS — Titres des élèves à l'entrée de l'École. | PROGRAMMES D'ADMISSION | Titres et Emplois à la sortie de l'École. |
| --- | --- | --- |

**23. AGRICULTURE (École pratique d') et de Laiterie de Saulxures-sur-Moselotte (Vosges).** — *Internes :* 500 fr. *Demi-pension :* 250 fr. *Externes :* 50 fr. 2 ans. — 12 à 18 ans. — Examen. Bourses au concours.

| Avec le brevet de l'enseignement secondaire spécial (sans examen). | Orthographe, Style, Arithmétique et système métrique, Histoire de France, Géographie de la France. | Certificat d'études. Cultivateurs habiles. |
| --- | --- | --- |

**24. AGRICULTURE (École pratique d') de La Brosse (Yonne).** — *Internat :* 450 fr. 3 ans. — 11 à 18 ans. — Concours. Bourses.

| Avec un diplôme de bachelier ou un brevet de l'enseignement primaire (sans examen). | Langue française, Arithmétique et système métrique, Histoire de France, Géographie de la France. | Certificat d'études. Agriculteurs habiles. |
| --- | --- | --- |

**25. AGRICULTURE (École pratique d') de l'Allier, à Gennetines, par Saint-Ennemond.** — *Internat :* 400 fr. 2 ans. — 11 à 18 ans. — Bourses. Examen.

| Les candidats pourvus du certificat d'études primaires sont reçus de droit jusqu'à concurrence du nombre de places disponibles. Si le nombre des candidats dépasse le nombre de places disponibles, un concours est ouvert entre eux. | Langue française (orthographe et style), Arithmétique et système métrique, Histoire et géographie de la France. | Certificat d'instruction donnant droit de concourir pour les bourses instituées dans les écoles nationales d'agriculture. Cultivateurs et fermiers habiles. |
| --- | --- | --- |

**26. AGRICULTURE (École pratique d') des Trois-Croix (Rennes) Ille-et-Vilaine).** — *Pension :* 500 fr. *Demi-pension :* 250 fr. *Externes :* 50 fr. 2 ans. — 13 à 18 ans. — Bourses. Examen.

| Les candidats pourvus du certificat d'études primaires sont reçus de droit jusqu'à concurrence du nombre de places disponibles. Si le nombre des candidats dépasse le nombre de places disponibles, un concours est ouvert entre eux. | Langue française (orthographe et style), Arithmétique et système métrique, Histoire et géographie de la France. | Certificat d'instruction. Cultivateurs et fermiers habiles. |
| --- | --- | --- |

**27. AGRICULTURE (École pratique d') du Chesnoy, par Montargis (Loiret).** — *Internat :* 400 fr. *Demi-pension :* 250 fr. *Externes :* 50 fr. 2 ou 3 ans. — 14 à 18 ans. — Bourses. Examen.

| Avec le diplôme de bachelier ou celui de l'enseignement primaire (sans examen). | Langue française, Arithmétique et système métrique, Histoire et géographie de la France. | Certificat d'instruction. Brevet. Cultivateurs et fermiers habiles. |
| --- | --- | --- |

| CONDITIONS — Titres des élèves à l'entrée de l'École. | PROGRAMMES D'ADMISSION | Titres et Emplois à la sortie de l'École. |
|---|---|---|

**28. AGRICULTURE** (École pratique d') (École Alexandre-Delhomme) de Crézancy (Aisne). — *Internes : 500 fr. Demi-pension : 250 fr. Externes : 50 fr.* 2 ans. — 15 à 18 ans. — Bourses au concours. — Examen d'admission.

| Les candidats pourvus du certificat d'études primaires sont reçus de droit jusqu'à concurrence du nombre de places disponibles. | Orthographe, style, arithmétique jusqu'aux proportions inclusivement. Histoire et géographie de la France. | Diplôme donnant le droit de concourir pour les bourses instituées dans les Écoles nationales d'agriculture. Chefs de culture. Agriculteurs habiles. |

**29. AGRICULTURE** (Fermes-écoles à Royat (Ariège), Besphas (Aude), Puilbereau (Charente-Inférieure), Launoy (Cher), Les Plaines (Corrèze), La Roche (Doubs), Castelneau-les-Nauzes (Haute-Garonne), La Hourre (Gers), Machorre (Gironde), Nolhac (Haute-Loire), Le Montat (Lot), Chazeirolettes (Lozère), Saint-Michel (Nièvre), Saint-Gautier (Orne), La Pilletière (Sarthe), Montlouis (Vienne), Chavaignac (Haute-Vienne), Beaufroy (Vosges). — *Internat gratuit. Apprentis.* 2 à 3 ans. — 16 ans. — Examen.

| Travailleurs ruraux. | Lecture, Écriture, Arithmétique. | Brevet de capacité. Cultivateurs et fermiers habiles. |

**30. AGRICULTURE** (École des bergers), à Rambouillet (Seine-et-Oise). — *Internat gratuit,* 2 ans. — 15 ans. — Examen devant l'instituteur de la commune du candidat.

| Pas de conditions | Lecture, Écriture, Arithmétique (les 4 règles). | Certificat d'aptitude et primes. Les jeunes gens sont initiés à la conduite et à la bonne tenue des troupeaux. |

**31. AGRICULTURE** (École de bergers) à Moudjebeur (Algérie). — *Internat gratuit. Apprentis* ou *stagiaires :* 600 fr. 3 ans. — 14 ans. (16 ans apprentis ou stagiaires autorisés.) — Bourses.

| Européens ou indigènes. | Les apprentis ou les stagiaires doivent justifier qu'ils ont reçu une bonne instruction primaire. | Diplôme. Primes. Bergers expérimentés. |

**32. AGRICULTURE ET LAITERIE** (École pratique d') de la Manche, à la ferme du Vieux-Château, commune de Coigny. — *Pension :* 100 fr. *Demi-pension :* 250 fr. *Externes :* 50 fr. — 2 ans. — 11 à 20 ans. — Bourses. Examen.

| Avec le certificat d'études primaires (sans examen) jusqu'à concurrence du nombre de places disponibles. | Langue française (orthographe et style). Arithmétique et système métrique, Histoire et géographie de la France. | Certificat d'instruction. Cultivateurs et fermiers habiles. |

| CONDITIONS — Titres des élèves à l'entrée de l'École. | PROGRAMMES D'ADMISSION | Titres et emplois à la sortie de l'École. |
|---|---|---|

**33. AGRICULTURE ET LAITERIE** (École pratique d') de la Vendée, à Pétré, près Luçon. — *Internes :* 400 fr. *Demi-pension :* 200 fr. *Externes :* 50 fr. — 2 ans. — 13 à 19 ans. — Bourses. Examen.

| Pas de conditions. | Langue française (orthographe et style), Arithmétique et système métrique, Histoire et géographie de la France. | Diplôme. Chefs de culture. Régisseurs. Cultivateurs et fermiers habiles. |

**34. AGRICULTURE ET IRRIGATION** (École pratique d') d'Avignon (Vaucluse). — *Internes :* 400 fr. *Demi-pension :* 250 fr. *Externes :* 50 fr. — 2 ans. — 13 ans accomplis. — Bourses. Examen.

| Avec le certificat d'études primaires (sans examen). | Langue française (orthographe et style, Arithmétique et système métrique, Histoire et géographie de la France. | Certificat d'instruction. Cultivateurs et fermiers habiles. |

**35. ALSACIENNE** (École), 109, rue Notre-Dame-des-Champs et 128, rue d'Assas, Paris. — 1° Section élémentaire ; 2° section classique ; 3° section scientifique française. — *Externat :* de 200 à 700 fr. *Demi-pension :* de 30 ou 40 fr. par mois. *Pension :* prix de l'externat augmentés de 2 000 fr. pour les élèves au-dessous de 12 ans ; de 2 500 pour les élèves plus âgés.

| Pas de conditions. | Pas d'examen. | Candidats aux trois baccalauréats. |

**36. APPRENTIS** (École municipale d') DIDEROT (métaux et bois), 60, boulevard de la Villette, Paris. — *Externat gratuit.* 3 ans. — 13 à 16 ans. — Examen.

| Pas de conditions. | Dictée, Arithmétique et Système métrique, Dessin (un croquis à main levée). | Certificat d'apprentissage Ouvriers habiles et instruits. |

**37. APPRENTIS** (École d') de l'institution commerciale et industrielle, 152, route d'Espagne, à Bordeaux (Gironde). — *Pension :* 600 fr. *Demi-pension :* 350 fr. *Externat :* 150 fr.

| Pas de conditions. | Pas d'examen. | Candidats aux Écoles d'arts et métiers et aux Écoles vétérinaires. Candidats aux emplois d'apprentis mécaniciens. |

| CONDITIONS — Titres des élèves à l'entrée de l'École. | PROGRAMMES D'ADMISSION | Titres et Emplois à la sortie de l'École. |
|---|---|---|

**38. APPRENTISSAGE (École d') de Dellys (Algérie) (fer et bois). — *Internat :* 100 fr. 3 ans — 14 à 17 ans. — Examen.**

| (Français ou indigène nés en Algérie). | Écriture, Langue française, Arithmétique. | Ouvriers habiles. |
|---|---|---|

**39. APPRENTISSAGE (Écoles manuelles d') et Écoles primaires supérieures préparatoires au Commerce et à l'Industrie (Écoles départementales et communales) Garçons, à Bohain (Aisne) (Cours de tissage facultatif. *Pension :* 500 fr.; — à Benni-Yenni, par Fort-National, à Michelet et à Teniet-el-Haad (Alger), Bar-sur-Seine (Aube). *Pension :* 500 fr. *Demi-pension :* 250 fr.; — à Nimes (Gard). *Internat :* 400 fr.; — à Aire-sur-l'Adour (Landes). *Pension :* 500 fr. *Demi-pension :* 270 fr.; — à Saint-Chamond et à Saint-Étienne (Loire), à Agen (Lot-et-Garonne). *Pension :* 500 fr. *Demi-pension :* 250 fr.; — à Fourmies (Nord). *Pension :* 500 fr. *Demi-pension :* 250 fr.; — au Mans (Sarthe), au Havre (Seine-Inférieure), 3, rue des Emmurées et 22, rue Saint-Lô, à Rouen (Seine-Inférieure). *Pension :* 650 fr. *Demi-pension :* 350 fr.; — à Montivilliers (Seine-Inférieure). *Pension :* de 500 à 550 fr. *Demi-pension :* 275 à 300 fr.; — à Friville-Escarbotin (Somme). *Pension :* 500 fr. *Demi-pension :* 250 fr.; — à Amiens (Somme), à La Seyne (Var), à Toulon (Var), à l'Isle-sur-Sorgue (Vaucluse). *Pension :* 600 fr. *Demi-pension :* 250 fr.; — à Valréas (Vaucluse). — (*Externat gratuit*). Examen d'entrée. 3 ou 4 ans. — 13 ans.**

| Les élèves munis du certificat d'études primaires (sans examen). | Matières du certificat d'études primaires. | Ouvriers habiles et instruits. |
|---|---|---|

**40. APPRENTISSAGE (Écoles manuelles d') et Écoles supérieures préparatoires au Commerce et à l'Industrie (Écoles départementales et communales) (Filles), à Melun (Seine-et-Marne). *Pension :* 600 fr. *Demi-pension :* 250 fr.; — au Havre (Seine-Inférieure), à Rouen (Seine-Inférieure), à Quimperlé (Finistère), à Saint-Chamond et à Saint-Étienne (Loire), à Bléneau (Yonne). *Pension :* 415 fr. — (*Externat gratuit*). Bourses au concours. — Examen d'entrée. 3 ans. — 13 ans.**

| Les élèves munies du certificat d'études primaires (sans examen). | Matières du certificat d'études primaires. | Ouvrières instruites et habiles. |
|---|---|---|

**41. APPRENTISSAGE (École manuelle d') (Garçons), 8, rue d'Échange, à Rennes (Ille-et-Vilaine) (métaux et bois). — *Externat gratuit*. — Examen. 3 ans. — 13 à 16 ans.**

| Avec certificat d'études primaires (sans examen). | Matières du certificat d'études primaires. | Ouvriers instruits et habiles. Contremaîtres. |
|---|---|---|

| CONDITIONS — Titres des élèves à l'entrée de l'École. | PROGRAMMES D'ADMISSION | Titres et Emplois à la sortie de l'École. |
| --- | --- | --- |

**42. ARCHITECTURE (École spéciale d'), 136, boulevard Montparnasse, Paris.** — *Externat* : 850 fr. 3 ans. — Sans limite d'âge. — Examen. Bourses au concours.

| Titres des élèves | Programmes d'admission | Titres et Emplois à la sortie |
| --- | --- | --- |
| (Auditeurs libres, étrangers admis.) | Composition française, Arithmétique, Géométrie, géométrie descriptive, Complément de géométrie, Algèbre, Géographie, Dessin d'après un ornement en relief, Dessin d'un édifice. | Certificat d'architecte hygiéniste. Diplôme. Architectes de départements, d'arrondissements ou de municipalités. |

**43. ARTILLERIE et GÉNIE (École d'application de l') à Fontainebleau.** — 2 ans.

| Titres des élèves | Programmes d'admission | Titres et Emplois à la sortie |
| --- | --- | --- |
| Élèves de l'École polytechnique. | Pas d'examen. | Lieutenants en second. |

**44. ARTILLERIE, du GÉNIE, TRAIN des ÉQUIPAGES MILITAIRES (École des sous-officiers de l') à Versailles (Seine-et-Oise).** — *Sous-officiers élèves officiers.* (*Solde de sous-officier.*) 1 an. — 2 ans de grade de sous-officier. — Épreuves préliminaires. Épreuves d'instruction professionnelle. Concours.

| Titres des élèves | Programmes d'admission | Titres et Emplois à la sortie |
| --- | --- | --- |
| Sous-officiers de l'arme correspondante. Pour le train des équipages, sont admis, en plus les sous-officiers du génie (conducteurs) et de cavalerie. Les sous-officiers du train avec le baccalauréat ès lettres ou ès sciences de l'enseignement secondaire spécial. (Sans examen écrit.) | *Artillerie, Génie.* Langue française, Algèbre, Arithmétique, Géométrie descriptive, Trigonométrie, Histoire, Géographie, Dessin de matériel ou de fortification. *Train.* Épreuves préliminaires : Composition française, Histoire, Géographie, Arithmétique, Géométrie, Topographie. Épreuves d'instruction professionnelle : Manœuvres, Règlements divers. | Sous-lieutenants (terre ou mer). |

**45. ARTS DÉCORATIFS (École nationale des), rue de l'École-de-Médecine nº 5, Paris.** — *Externat gratuit.* — 10 ans, Cours du jour. 15 ans, Cours du soir.

| Titres des élèves | Programmes d'admission | Titres et Emplois à la sortie |
| --- | --- | --- |
| (Étrangers admis). Pas de conditions. | Savoir lire, écrire et calculer. | Artistes et artisans pour les industries relevant de l'art. Concours pour les grands prix. |

**46. ART DÉCORATIF (Écoles d') et de Tapisserie de la Manufacture nationale des Gobelins, 42, avenue des Gobelins, Paris.** — 1° Cours élémentaire de dessin. 12 ans au moins (sans examen). — 2° Cours supérieur. Examen. — 3° École de tapisserie. 1 an. Examen (élèves appointés). — 4° Académie de dessin du soir (annexe du cours supérieur).

| Titres des élèves | Programmes d'admission | Titres et Emplois à la sortie |
| --- | --- | --- |
| (Cours élémentaire.) Certificat d'études primaires. | (Cours supérieur et École de tapisserie.) Dessin d'après la bosse. | Artistes de la manufacture des Gobelins. |

| CONDITIONS — Titres des élèves à l'entrée de l'École. | PROGRAMMES D'ADMISSION | Titres et Emplois à la sortie de l'École. |
|---|---|---|

**17. ART DÉCORATIF (École d') de la Manufacture de Beauvais (Oise. —** Élèves appointés. (Les élèves du dehors peuvent suivre les cours de dessin. — Stage de 2 ans. — 12 à 15 ans.

| Pas de conditions. | Pas d'examen. | Artistes de la manufacture de Beauvais. |

**18. ARTS ET MÉTIERS (École d') à Aix (Bouches-du-Rhône . Angers** (Maine-et-Loire. Châlons-sur-Marne Marne . — *Internat :* 600 fr. 3 ans. — 15 à 17 ans. — Concours. Bourses.

| Pas de conditions. | Écriture, Grammaire française, Orthographe, Histoire ancienne, Histoire de France, Géographie. Arithmétique, Géométrie, Algèbre, Dessin linéaire, Dessin d'ornement. Exécution d'une pièce de bois ou de fer. | Élèves brevetés des écoles nationales d'arts et métiers. Brevet particulier. Candidats à l'École centr. Chefs d'ateliers. Dessinateurs. Industriels versés dans la pratique des arts mécaniques. |

**19. ARTS ET MÉTIERS (École communale des), rue Gonod, à Clermont-Ferrand Puy-de-Dôme). — *Externat gratuit.* 3 ans. — 13 ans.

| Au-dessous de 13 ans les élèves doivent être munis du certificat d'études primaires. | Pas d'examen. | Ouvriers instruits et habiles. |

**50. ATHÈNES (École d'). — *Logement à l'école. Traitement :* 3 600. *Mission :* 3 ans. — Moins de 30 ans. — 6 admissions. Concours.

| Agrégés des lettres. de grammaire, de philosophie ou d'histoire. | Épigraphie grecque, Épigraphie latine, Paléographie, Archéologie. | Professeurs de l'enseignement secondaire et de l'enseignement supérieur. |

**51. AVEUGLES (Institution nationale des jeunes), 56, boulevard des Invalides, Paris. — *Internat :* 1 200 fr. 8 ans pour les élèves musiciens. 5 ans pour les élèves qui apprennent une profession manuelle. — 10 à 13 ans. (Exceptions). — Bourses.

| Sans titre. (Les candidats aux bourses s'adressent à leur commune ou à leur département pour en obtenir une fraction de bourse. Ils demandent ensuite le surplus au Ministère de l'Intérieur par l'intermédiaire du Préfet.) | Sans examen. (Il suffit que le candidat possède un degré suffisant d'intelligence.) | Brevet aux apprentis pour l'accord des pianos. Organistes : Professeurs de musique ou de chant. Ouvriers filetiers, canneurs, empailleurs de sièges, etc. |

| CONDITIONS — Titres des élèves à l'entrée de l'École. | PROGRAMMES D'ADMISSION | Titres et Emplois à la sortie de l'École. |
|---|---|---|

**52. BEAUX-ARTS** (École nationale des), 14, rue Bonaparte, Paris. — *Externat gratuit.* — 15 à 30 ans. — Deux examens.

| (Étrangers admis). Pas de conditions. | **Peinture Sculpture et Gravure.** 1° Une figure d'après nature ; 2° Dessin d'anatomie, Épure de perspective, Un fragment de figure, Étude d'architecture, Histoire générale. | Certificat d'études. |
|---|---|---|
| | **Architecture.** 1° Dessin d'une tête ou d'un ornement, modelage d'un ornement en bas-relief, composition d'architecture ; 2° Exercices de calcul, Arithmétique, Algèbre, Géométrie descriptive, Histoire générale. | Diplômes d'architectes. |

**53. BEAUX-ARTS** (École nationale des) à Lyon (Rhône). — *Externat gratuit.* — 15 ans. — Aspirants. — Titulaires. — Examen.

| (Étrangers autorisés). Pas de conditions. | **Aspirants.** Histoire générale, Mathématiques élémentaires, Dessin géométral, Dessin perspectif. | Industries relevant de l'art. |
|---|---|---|
| | *Titulaires.* | |
| | **Peinture et Gravure.** Académie dessinée d'après l'antique, Dessin d'ornement, Histoire générale, Perspective. | |
| | **Sculpture.** Académie modelée (haut-relief), Étude d'ornement, Histoire générale, Tracé des formes géométriques. | |
| | **Architecture et classe d'art décoratif.** Académie d'après la bosse, Dessin d'ornement, Histoire générale, Perspective. | |
| | **Classe de la fleur.** Académie d'après la bosse, Dessin perspectif, Dessin géométral, Histoire générale, Perspective. | |

**54. BEAUX-ARTS** (École nationale des) à Dijon (Côte-d'Or). — *Externat gratuit.*

| (Étrangers autorisés). Pas de conditions. | Posséder les éléments de la grammaire et de l'arithmétique. | Industries relevant de l'art. |
|---|---|---|

| CONDITIONS — Titres des élèves à l'entrée de l'École. | PROGRAMMES D'ADMISSION | Titres et Emplois à la sortie de l'École. |
|---|---|---|

**55. BEAUX-ARTS** (École nationale des) de Bourges (Cher). (Jeunes gens et jeunes filles). — *Externat gratuit.* — 10 ans. — À partir de 15 ans, Bourses d'études au concours après 1 an d'école.

| (Étrangers autorisés). Pas de conditions. | Savoir lire, écrire, et calculer. | Professeurs de dessin. Industries relevant de l'art. |
|---|---|---|

**56. BEAUX-ARTS** (École nationale des) d'Alger. (Jeunes gens et jeunes filles). — *Externat gratuit.* — Bourses au concours après 1 an d'école.

| Étrangers autorisés). Pas de conditions. | Savoir lire, écrire et calculer. | Professeurs de dessin. Industries relevant de l'art. |
|---|---|---|

**57. BEAUX-ARTS** (École spéciale municipale d'application des) à l'industrie (Bernard Palissy), 19, rue des Petits-Hôtels, Paris. — *Externat gratuit.* — Cours du jour : 11 ans. Cours du soir : 15 ans. — Examens.

| Avec le certificat d'études primaires, examen sur la géométrie seulement. | Lecture, Dictée Arithmétique, Géométrie pratique, Dessin d'un objet en relief géométralement et perspectivement. | Artistes habiles dans certaines industries : la céramique, la verrerie, les émaux, la sculpture sur bois, marbre, ivoire, métaux, le dessin des étoffes et la peinture décorative. |
|---|---|---|

**58. BÈGUES** (Institution des) 82, avenue Victor-Hugo, Paris. (Cours spéciaux en langues étrangères). — *Le prix se règle de gré à gré.* — Durée ordinaire du traitement : 20 jours.

| Pas de conditions. | Pas d'examen. | |
|---|---|---|

**59. BÈGUES** (Institut des) de Marseille, 1, place Centrale (Bouches-du-Rhône). — *Le prix se règle de gré à gré.* (Cours gratuit pour les élèves indigents du département).

| Pas de conditions. | Pas d'examen. | |
|---|---|---|

**60. BONNETERIE** (École française de), à Troyes (Aube). — *Externat.* 2 ans. 250 fr. par an. — 15 ans au moins. Bourses.

| Français ou naturalisé français. Certificat d'études primaires ou certificat d'un degré supérieur d'instruction. | Pas d'examen. | Contremaîtres et Directeurs pour l'industrie de la Bonneterie. Diplôme de fin d'études. |
|---|---|---|

| CONDITIONS — Titres des élèves à l'entrée de l'École. | PROGRAMMES D'ADMISSION | Titres et Emplois à la sortie de l'École. |
|---|---|---|

**61. BRAILLE (École départementale primaire et professionnelle pour les enfants aveugles des deux sexes), 5, rue Mongenot, à Saint-Mandé (Seine). —** *Internat gratuit. Les pensionnaires restent à l'école toute leur vie.* — 6 à 13 ans.

| | | |
|---|---|---|
| Français. Domiciliés dans le département de la Seine. | Pas d'examen. | Ouvriers vanniers, rempailleurs, canneurs de chaises, filetiers, cordiers, imprimeurs, ouvriers en couronnes, en objets de perles, en tricot, crochet, etc. (L'école achète les matières premières et s'occupe de l'écoulement des marchandises. Les ouvriers reçoivent une partie du gain.) |

**62. CANONNAGE (École de), à Toulon, à bord de la *Couronne*. — 8 mois** d'instruction.

| | | |
|---|---|---|
| Apprentis canonniers provenant de *la Bretagne*. Canonniers vétérans n'ayant pas plus de 40 ans (4 mois d'instruction). | Pas d'examen. | Matelots canonniers habiles pour le service de l'artillerie à bord des bâtiments de la flotte. Brevets de canonniers. |

**63. CAVALERIE (École d'application de) à Saumur (Maine-et-Loire). —** *Officiers et Vétérinaires :* 1 an. *Sous-officiers :* 18 mois. — Concours entre les sous-officiers proposés.

| | | |
|---|---|---|
| Élèves de Saint-Cyr. Lieutenants de cavalerie et d'artillerie. Lieutenants et sous-lieutenants du Génie. Sous-officiers, aides-vétérinaires stagiaires. Élèves télégraphistes. | Dictée, Histoire, Géographie, Problèmes d'arithmétique et de géométrie, Exécution facultative d'un croquis, Épreuves constatant le degré d'instruction professionnelle, théorique et pratique. | Les sous-officiers sont nommés sous-lieutenants. |

**64. CENTRALE (École des Arts et Manufactures), 1, rue Montgolfier, Paris. —** *Externat.* 900 à 1 000 fr. 3 ans. — 17 ans. — Concours. (Subventions).

| | | |
|---|---|---|
| (Étrangers admis). Pas de conditions. | Langue française, Arithmétique, Géométrie élémentaire, Algèbre jusqu'aux équations, Trigonométrie rectiligne, Géométrie analytique, Géométrie descriptive, Physique, Chimie, Histoire naturelle, Dessin à main levée, Dessin au trait et lavis. | Diplômes d'ingénieurs des arts et manufactures. Certificat de capacité. Ingénieurs pour l'industrie et les services publics. |

| CONDITIONS — Titres des élèves à l'entrée de l'École. | PROGRAMMES D'ADMISSION | Titres et Emplois À la sortie de l'École. |
| --- | --- | --- |

**65. CENTRALE** (École) lyonnaise, 20, quai de la Guillotière, à Lyon. — *Demi-pension :* 110 à 115 fr. par an. *Rétribution scolaire :* 700 fr. par an. 3 ans. — 16 ans au moins. — Examen. Bourses.

| | | |
| --- | --- | --- |
| Les bacheliers ès sciences et les bacheliers de l'enseignement spécial (sans examen). Les candidats possédant bien les matières de l'enseignement de la 1re année peuvent entrer directement en 2e année. | Arithmétique, Géométrie, Algèbre élémentaire, Trigonométrie, Physique, Chimie. | Carrières exigeant la connaissance des mathématiques de la mécanique, de la physique et de la chimie. Diplôme de 1re classe. Diplôme de 2e classe. Diplôme d'ingénieur de l'École centrale lyonnaise, pour les anciens élèves pourvus du diplôme de 1re classe dans la 3e année qui suit leur sortie de l'école. |

**66. CÉRAMIQUE** (École pratique de) de la Manufacture nationale de Sèvres (Seine-et-Oise). — Élèves appointés. Apprentissage : 7 ans. — 12 ans.

| | | |
| --- | --- | --- |
| Français. (Les élèves sont choisis de préférence parmi les enfants de la manufacture). | Pas d'examen. | Décorateurs et artistes. |

**67. CHAPTAL** (Collège municipal), Boulevard des Batignolles, Paris. (COURS PRÉPARATOIRES). — *Internes :* 1 000 à 1 500 fr. *Externes :* 180 à 350 fr. *Demi-pension :* 500 à 1 100. 6 ans. — Sans distinction d'âge. — Bourses aux concours, 12 à 16 ans (internes), 12 à 15 ans (externes), 15 à 18 ans pour les études supérieures. — Demi-bourses d'internes au concours.

| | | |
| --- | --- | --- |
| Pas de conditions. | Concours pour les études supérieures. Composition française, Mathématiques, Physique, Chimie, Dessin linéaire. Concours pour l'internat (demi-bourses) comme pour J.-B. Say (no 121.) Concours pour l'externat (comme pour Turgot. (Écoles municipales supérieures (no 101.) | Candidats aux baccalauréats, aux écoles centrales, polytechnique et normale supérieure. Diplômes d'études commerciales. Industrie. Agriculture. |

**68. CHARTES** (École des), 58, rue des Francs-Bourgeois, Paris. — *Externat gratuit.* 3 ans. — Moins de 25 ans. Examen.

| | | |
| --- | --- | --- |
| Baccalauréat ès lettres. 20 admissions en 1re année. | Version latine, Thème latin, Histoire de France, Géographie de la France. (Il est tenu compte de la connaissance de l'Allemand, de l'Anglais, de l'Espagnol ou de l'Italien.) | Diplôme d'archiviste-paléographe. |

| CONDITIONS — Titres des élèves à l'entrée de l'École. | PROGRAMMES D'ADMISSION | Titres et Emplois à la sortie de l'École. |
| --- | --- | --- |

**69. CHIMIE INDUSTRIELLE (École de de Lyon, Palais du quai Claude-Bernard (Rhône). — Examen. 2 ans.**

| Pas de conditions. | Arithmétique, Algèbre, Géométrie et Physique élémentaire, Chimie des Métalloïdes. | Diplôme d'honneur, Certificat d'études, Industrie. |

**70. COLLÈGE STANISLAS, 22, rue Notre-Dame-des-Champs, Paris.** — *Pension : de 1 000 à 2 000 fr. Demi-pension : 500 à 1 500 fr. (Externes à titre provisoire).* **Petit Collège, 155** *bis,* **rue de Rennes** (à partir de 6 ans).

| Pas de conditions. | Pas d'examen. | Candidats aux Écoles du Gouvernement. |

**71. COLLÈGE SAINTE-BARBE.** 1° **Petit Collège, à Fontenay-aux-Roses (Seine.** — Classes primaires. Classes élémentaires. *Pension :* de 1 000 à 1 300 fr. (de 5 à 12 ans). — 2° **Moyen et grand Collège, place du Panthéon, Paris.** — Section classique. Section préparatoire au commerce et à l'industrie. (Les élèves peuvent suivre les cours du Lycée Louis-le-Grand). *Pension :* 1 400 à 1 800 fr. *Demi-pension :* de 800 à 1 200 fr. *Externat :* de 400 à 600 fr. — 3° **École préparatoire.** *Pension :* de 1 800 à 2 000 fr. *Demi-pension :* de 1 200 à 1 500 fr. *Externes :* de 700 à 800 fr. *(Cours de vacances :* de 160 à 200 fr.)

| Pas de conditions. | Pas d'examen. | Moyen et grand collège : Section classique : candidats aux baccalauréats ès lettres et ès sciences. École préparatoire : Candidats au baccalauréat ès sciences, à l'institut agronomique et aux Écoles du gouvernement. |

**72. COLLÈGE SÉVIGNÉ (Filles), 10, rue de Condé, Paris.** — *Externat.* — Cours préparatoires : 175 fr. par an. 6 à 8 ans. — Cours élémentaires : 250 fr. 8 à 13 ans. — Cours moyens : 350 fr. 13 à 16 ans. — Cours supérieurs : 400 fr. 16 à 18 ans. (Cours spéciaux) (Déjeuner à l'école : 90 fr. par trimestre).

| Pas de conditions. | Pas d'examen. | Candidats au certificat d'aptitude à l'enseignement secondaire des jeunes filles et à l'agrégation (ordre des lettres). Diplôme. |

| CONDITIONS — Titres des élèves à l'entrée de l'École. | PROGRAMMES D'ADMISSION | Titres et emplois à la sortie de l'École. |
|---|---|---|
| **73. COLONIALE** (École) Section française, 129, boulevard Montparnasse, Paris. — *Externat.* Droits d'inscription : 120 fr. par an. — Exercices physiques : 180 fr. par an. 3 ans. 2 ans pour les licenciés en droit ou ayant subi avec succès le premier examen du baccalauréat en droit. — 18 à 25 ans. — (Jusqu'à 26 ans, pour les jeunes gens ayant une année de service dans une des administrations coloniales ou dans l'un des corps coloniaux). | | |
| Français ou naturalisé français. Un des trois diplômes du baccalauréat. | Pas d'examen. | Recrutement des administrations et corps coloniaux. |
| **74. COMMERCE** (École supérieure de), 102, rue Amelot, Paris. — *Internes :* 2 000 fr. *Demi-pension :* 1 000 fr. (déjeuner à l'école). 3 ans. — 15 ans. — Sans examen. — Bourses au concours, 16 à 20 ans. | | |
| Pas de conditions. | Concours : Dictée, Comptabilité, Arithmétique, Géographie, Histoire, Physique, Chimie, Thème anglais ou allemand, Dessin d'ornement. | Diplôme de capacité ou certificat d'études. Candidats au baccalauréat de l'enseignement secondaire spécial. Négociants, banquiers, administrateurs. |
| **75. COMMERCE** (École supérieure de) de Lyon (Rhône) 34, rue de la Charité. (Reconnue par l'État. — ENSEIGNEMENT SUPÉRIEUR. — *Externes :* 600 fr. — *Demi-pension :* 950 fr. — *Pension :* 2 200 fr. — 2 années. — 16 ans. — Concours. — COURS PRÉPARATOIRE. — *Externes :* 500 fr. — *Demi-pension :* 800 fr. — *Pension :* 2000 fr. — Une année. — 15 ans. — Examen. — COURS DE TISSAGE (indépendant de l'enseignement commercial). — *Externes :* 800 fr. — *Étrangers :* 1 200 fr. — *Demi-pension :* 1 165 fr. — *Étrangers :* 1 565 fr. — *Pension :* 2 100 fr. — *Étrangers :* 2 800 fr. — Une année. | | |
| Pas de conditions. | Cours préparatoire : Arithmétique, Algèbre, Géographie générale, Histoire de France (depuis Hugues Capet jusqu'à Henri III). Une langue vivante (anglais, allemand, italien ou espagnol). | Diplôme supérieur (avec ce diplôme, les jeunes gens ne font qu'une année de service militaire). Les bacheliers munis du diplôme peuvent se présenter au concours d'admission, dans les carrières diplomatiques et consulaires. Les élèves diplômés peuvent concourir pour les bourses de séjour à l'étranger. L'école recommande les élèves diplômés. Bourse de voyage à l'élève qui obtient le premier diplôme. Certificats après examen (cours de tissage), banque, commerce, industrie des soieries. |

| CONDITIONS — Titres des élèves à l'entrée de l'École. | PROGRAMMES D'ADMISSION | Titres et Emplois à la sortie de l'École. |
| --- | --- | --- |

**76. COMMERCE (École supérieure de) de Marseille (Bouches-du-Rhône), 9, rue Sainte-Victoire.** — *Externat :* 100 à 600 fr. *Internat en ville :* 1800 à 1900 fr. 3 ans. — 11 ans, en première année, sans examen. — Deuxième année. Examen. Bourses.

| Avec baccalauréat, en 2e à 6e, sans examen. Auditeurs, sans examen. | 2e année. Arithmétique, Écriture, Dictée, Géographie, Algèbre, Géométrie, Chimie, Physique, Anglais. | Certificats d'études. Diplômes. Négociants, Administrateurs. |

**77. COMMERCE (École supérieure de) du Havre (Seine-Inférieure). 21, rue Ancelot.** — *Externat :* 600 fr. *Pension en ville :* 80 fr. par mois. *Dans une famille :* 100 à 250 fr. par mois. 2 ans. — 15 ans. — Examen. Bourses au concours.

| Avec les baccalauréats ès lettres, ès sciences ou de l'enseignement secondaire spécial (sans examen). | Composition française, Mathématiques, Physique, Chimie, Algèbre, Géométrie, Anglais, Allemand ou Espagnol, Géographie. | Diplômes de capacité. Négociants, Administrateurs, les Bacheliers ès lettres, ès sciences ; candidats aux fonctions d'élèves chanceliers (21 à 30 ans). |

**78. COMMERCE (École supérieure de) et d'industrie de Bordeaux (Gironde), 66, rue Saint-Sernin.** — *Externes et Auditeurs :* 200 fr. *Pension en ville :* 80 à 90 fr. par mois. 2 ans. — 15 ans. — Examen. — Auditeurs libres à partir de 20 ans. — Sans distinction d'âge pour les élèves inscrits à l'une des Facultés de l'État.

| Avec le baccalauréat ès lettres ou ès sciences ou de l'enseignement secondaire spécial, sans examen. (De même pour les élèves admissibles aux écoles nationales des arts et métiers.) | Arithmétique, Géométrie, Orthographe, Rédaction, Grammaire, Géographie générale. — De plus, pour la division industrielle : physique, Chimie, pour la division commerciale : Allemand, Anglais ou Espagnol. | Diplômes. Bourses de voyage de 1 500 à 2 500 fr. Contremaîtres. Chefs d'industrie. |

**79. COMMERCE (École de), Avenue Trudaine, 23 *bis*, Paris. (COURS PRÉPARATOIRES de 7 à 12 ans).** — *Externat :* 220 fr. 4 ans. — Sans limite d'âge. — Bourses au concours.

| Pas de conditions. | Savoir lire, écrire et calculer. | Diplômes. Certificat d'études. Commerce, banque, administration. |

| CONDITIONS — Titres des élèves à l'entrée de l'École. | PROGRAMMES D'ADMISSION | Titres et Emplois à la sortie de l'École. |
| --- | --- | --- |

**80. COMMERCE (École pratique de) et de comptabilité, 53, rue de Rivoli. Paris. —** *Externat.* 110 fr. *à forfait. 2 à 4 mois.* — A tout âge, à partir de 13 ans.

| | | |
| --- | --- | --- |
| Pas de conditions. | Pas d'examen. | Diplôme de comptabilité. L'école recommande les élèves, candidats aux examens de la Banque de France, du Crédit Foncier, etc. |

**81. COMMERCE (École de), 17, rue de la République, à Lyon (Rhône) (Filles). —** *(Cours gratuit pour dames et jeunes filles.* Examen d'admission. 2 ans. — 15 ans.

| | | |
| --- | --- | --- |
| Avec le certificat d'études primaires (sans conditions). | Matières du certificat d'études primaires. | Postes et télégraphes. Candidats au professorat de l'enseignement commercial, Commerce, Industrie. Diplômes. |

**82. COMMERCIAL (Institut) de Paris, 19, rue Blanche. (École préparatoire au commerce d'exportation). —** *Externat :* 250 fr. par an. (Déjeûner à l'école : 25 fr. par mois). 3 ans. — 13 ans. — Examen d'admission. Bourses et demi-bourses au concours.

| | | |
| --- | --- | --- |
| Pas de conditions. (Étrangers admis). | Langue française, Arithmétique, Géographie physique, Géométrie, Sciences physiques, Histoire. | Commerçants instruits et habiles. Diplômes après la 3e année. |

**83. CONSERVATOIRE NATIONAL de MUSIQUE et de DÉCLAMATION, 15, rue du Faubourg-Poissonnière, Paris. —** *Externat gratuit. Pensions pour les deux sexes :* de 600 à 1800 fr. — 9 à 22 ans (Exceptions). — Examen. Bourses au concours. Auditeurs.

| | | |
| --- | --- | --- |
| (Étrangers autorisés). Pas de conditions. | *Classes de chant et d'instruments.* Exécution d'un morceau choisi par l'aspirant et lecture à première vue. *Classe de déclamation dramatique.* 1° Récitation d'une scène au choix de l'aspirant. 2° Récitation imposée d'une scène prise parmi les trois scènes présentées par l'aspirant. | Diplômes. Prix. Artistes. |

**84. DÉFENSES SOUS-MARINES (École), à Boyardville (Ile d'Oléron).**

| | | |
| --- | --- | --- |
| 1° Torpilleurs vétérans (3 mois d'instruction). 2° Apprentis torpilleurs (6 mois). 3° Mécaniciens de la flotte (4 mois). | Pas d'examen. | Matelots habiles pour le service des torpilles et des engins sous-marins. |

| CONDITIONS — Titres des élèves à l'entrée de l'École. | PROGRAMMES D'ADMISSION | Titres et Emplois à la sortie de l'École. |
|---|---|---|

**85. DENTAIRE (École) de France, 3, rue de l'Abbaye, Paris. — (Dispensaire gratuit). *Externat*. 3 ans. *Droits d'études :* 760 fr. — 17 ans au moins.**

| | | |
|---|---|---|
| Certificat d'études. (Les gradués en médecine et les dentistes peuvent suivre momentanément les cours). | Pas d'examen. | Élèves instruits, aptes à subir les examens qui pourront être exigés ultérieurement par l'État. Diplôme de capacité de l'association de l'École dentaire de France, à 20 ans révolus. (Les dentistes patentés depuis 10 ans peuvent subir les examens pour obtenir le diplôme). |

**86. DESSIN (École nationale de) pour les jeunes filles, 10, rue de Seine, Paris. — *Externat gratuit*. — 12 à 25 ans.**

| | | |
|---|---|---|
| (Étrangères admises). Pas de conditions. | Savoir lire, écrire et calculer. | Enseignement du dessin. Industries relevant de l'art. |

**87. DESSIN (École de) du service géographique de l'armée, 140, rue de Grenelle, Paris. — 15 à 17 ans.**

| | | |
|---|---|---|
| Français. Les candidats doivent être munis du certificat d'études primaires, posséder une instruction élémentaire et avoir cultivé déjà le dessin de figure, d'ornement ou de paysage. | Pas d'examen. | Dessinateurs topographes pour les services géographiques de l'armée. |

**88. DESSIN PRATIQUE (École municipale de) Germain-Pilon, 12, rue Sainte-Élisabeth, Paris. — *Externat gratuit*. (Primes journalières d'encouragement à partir de la 2ᵉ année). 3 ans. — Examen. Cours du soir : 15 ans. Cours du jour : 14 ans. (13 ans pour les élèves munis du certificat d'études primaires).**

| | | |
|---|---|---|
| Français. (Les candidats pourvus du certificat d'études primaires subissent seulement les épreuves d'arithmétique et de géométrie. | Lecture, Écriture, Orthographe, Arithmétique, Géométrie pratique, Épreuve graphique. Dessin d'un objet (géométralement et perspectivement). | Ouvriers habiles pour les principales branches de l'industrie artistique. |

| CONDITIONS — Titres des élèves à l'entrée de l'École. | PROGRAMMES D'ADMISSION | Titres et Emplois à la sortie de l'École. |
|---|---|---|

**89. DROIT (Écoles de), Paris, Aix, Bordeaux, Caen. Dijon. Grenoble. Lille, Lyon. Montpellier, Nancy, Poitiers, Rennes. Toulouse. —** *Externat. Inscriptions :* 120 fr. par an. — 16 ans.

| Baccalauréat ès lettres.<br>Sans titre, pour les aspirants au certificat de capacité (Avoués.) | Pas d'examen. | Bacheliers en droit après deux ans.<br>Licenciés en droit après trois ans.<br>Docteurs en droit après quatre ans.<br>Certificat de capacité après quatre inscriptions (avoués). |

**90. ÉDUCATION (Maisons d') de la Légion d'honneur, de Saint-Denis (Seine), d'Écouen et des Loges (Seine-et-Oise).** *Internat :* à Saint-Denis : 1 000 fr. Écouen et les Loges : 900 fr. Jusqu'à l'âge de 18 ans. — 9 à 11 ans. — Examen.

| 1° Filles de légionnaires sans fortune (sans rétribution).<br>2° Élèves payantes : filles, petites-filles. sœurs ou nièces de membres de l'ordre. | Lecture, Écriture, Histoire et Grammaire française. | Jeunes filles instruites.<br>Candidats au brevet élémentaire et au brevet supérieur. |

**91. ENSEIGNE DE VAISSEAU (Cours préparatoire au grade d'), à Brest.** — Examen d'admission. — 11 mois.

| Officiers - mariniers (premiers-maîtres) ayant deux années d'embarquement au moins. | *Épreuves écrites.*<br>Narration française, Écriture. Orthographe, Style, Arithmétique, Géométrie élémentaire, Géographie.<br>*Épreuves orales.*<br>Géométrie, Algèbre, Physique, Histoire de France, Manœuvre de bâtiments, Canonnage. Règles de route, Mousqueterie.<br>*Épreuves pratiques.*<br>Exercices de manœuvre sur un bâtiment, Commandement de l'exercice du canon, Commandement sur le terrain de l'école du soldat et de l'école de compagnie. | Enseigne de vaisseau. |

**92. ENSEIGNEMENT TECHNIQUE (École municipale d' (Filles), 66, Cours Devilliers, à Marseille (Bouches-du-Rhône).** — *Externat gratuit.* 3 ans. — 12 à 15 ans.

| Élèves habitant Marseille ou le département des Bouches-du-Rhône. | Pas d'examen. | Ouvrières instruites et habiles. |

| CONDITIONS — Titres des élèves à l'entrée de l'École. | PROGRAMMES D'ADMISSION | Titres et Emplois à la sortie de l'École. |
|---|---|---|

**93. ENSEIGNEMENT (Cours normal d') pour les Instituteurs élémentaires de la flotte, à Rochefort-sur-Mer (Charente-Inférieure). — 5 mois. — Moins de 32 ans.**

| | | |
|---|---|---|
| Seconds-maîtres et quartiers-maîtres. | Pas d'examen. | Brevets d'instituteurs élémentaires de la flotte. |

**94. FORESTIÈRE (École nationale) de Nancy (Meurthe-et-Moselle). —** *Internat. Pension : 1500 fr. Enseignement gratuit pour les élèves libres et les auditeurs. 2 ans. — Élèves de l'Institut national agronomique 18 à 22 ans. Pour les anciens militaires, la limite d'âge est reculée du temps qu'ils ont passé sous les drapeaux.*

| | | |
|---|---|---|
| 1o Élèves du gouvernement : Élèves diplômés de l'Institut national agronomique. Élèves de l'École polytechnique. 2o Élèves libres. (Auditeurs libres et étrangers admis.) | Pas d'examen. | Gardes généraux, Stagiaires des forêts. Administration des forêts. |

**95. FORÊTS (École secondaire professionnelle) des Barres (Loiret). —** *Allocation : 1 200 fr. 2 ans. — Moins de 35 ans. — Concours.*

| | | |
|---|---|---|
| Gardes ou brigadiers. Anciens élèves de l'École de sylviculture, après 2 ans de grade. Les autres, après 3 ans. | Dictée, composition française, Mathématiques, Dessin linéaire, Géométrie élémentaire, Histoire de France, Géographie de la France, Instruction pratique. | Gardes généraux. |

**96. FORÊTS (École pratique de sylviculture) des Barres (Loiret). —** *Internat : 600 fr. Demi-pension : 300 fr. 2 ans. — 17 à 35 ans. — Examen. Bourses pour les fils d'agents ou de préposés.*

| | | |
|---|---|---|
| Pas de conditions. | Dictée, Histoire de France, Géographie de la France, Arithmétique, Géométrie élémentaire. | Gardes forestiers domaniaux à 25 ans. Régisseurs agricoles et forestiers, Gardes particuliers. |

**97. GÉNIE MARITIME (École d'application), 27, quai de la Tournelle, Paris.** *Externat. 2 ans. — Examen pour les élèves libres.*

| | | |
|---|---|---|
| Élèves de l'École polytechnique sans examen. De même pour les étrangers admis. | Calcul différentiel, Calcul intégral, Mécanique, Géométrie, Physique, Chimie, Dessin. | Les élèves de l'École polytechnique sont sous-ingénieurs ou enseignes de vaisseau. Pour les autres, certificats d'études. Industrie privée. Ateliers de construction. |

| CONDITIONS — Titres dés élèves à l'entrée de l'École. | PROGRAMMES D'ADMISSION | Titres et Emplois à la sortie de l'École. |
|---|---|---|

**98. GUERRE (École supérieure de). 138, rue de Grenelle-Saint-Germain, Paris. — 2 ans. — Concours.**

| Sous - lieutenants. Lieutenants et capitaines de toutes armes ayant 5 ans de grade dont 3 ans de service effectif. Mêmes conditions pour les officiers de marine. | Solution d'une question militaire. Analyse d'une question d'organisation, d'administration, de législation ou d'histoire militaire. Traduction en allemand d'un morceau de prose française. Croquis topographique. Tactique d'infanterie et de cavalerie. Artillerie, Fortifications. Géographie. Topographie. | Brevet d'état-major. |

**99. GYMNASTIQUE (École normale de) et d'escrime, à Joinville-le-Pont (Seine).**

| 1° Officiers-élèves (sous lieutenants d'infanterie âgés d'au moins 25 ans). 2° Élèves de la troupe (caporaux ou brigadiers, sous-officiers d'infanterie, du génie et de l'artillerie). | Pas d'examen. | Instructeurs de gymnastique. Maîtres d'armes. Diplôme de moniteur ou brevet de maître de gymnastique. Brevet de maître d'armes. |

**100. HARAS (École des) du Pin (Orne). — *Internes, logement gratuit, indemnité annuelle: 1 500 fr. Externes et Étrangers, rétribution: 600 fr. — 1 an. — Internes 19 à 25 ans. Externes 18 à 25 ans.***

| Diplôme de l'Institut national agronomique ou d'une des écoles vétérinaires du gouvernement. (Étrangers admis.) | Pas d'examen. | Diplômes. Internes, Officiers des Haras. Surveillants stagiaires. Certificats d'études pour les externes et les Étrangers. |

**101. HAUTES ÉTUDES (École pratique des). à Paris. — 3 ans. — Sans condition d'âge. — Stage 3 mois.**

| Sans condition de grade ou de nationalité. | Pas d'examen. | Diplômes. Certificats d'aptitude. Enseignement secondaire, enseignement supérieur. |

| CONDITIONS — Titres des élèves à l'entrée de l'École. | PROGRAMMES D'ADMISSION | Titres et Emplois à la sortie de l'École. |
| --- | --- | --- |

**102. HAUTES ÉTUDES COMMERCIALES (École des), 43, rue de Tocqueville, 108, boulevard Malesherbes, Paris. — COURS NORMAUX. — *Internes : 2 800 fr. Demi-pension : 1 300 fr. 2 ans. — 16 ans. — Concours. — Bourses.***

| Pas de conditions. (Étrangers admis). | *Épreuves écrites.* Arithmétique, Algèbre, Rédaction. Orthographe, Écriture, Langue vivante. *Épreuves orales.* Arithmétique, Algèbre, Géométrie, Physique, Chimie, Histoire, Géographie, Langue vivante. *Épreuves facultatives.* Langues vivantes, Comptabilité. | Diplôme. Avec ce diplôme, les élèves ne font qu'une année de service militaire. Administration centrale des colonies, Ministère du commerce et de l'industrie, Douanes. Banque, Commerce, Industrie (bacheliers), Consulat, Diplomatie. Certificat d'études. |

**103. HAUTES ÉTUDES COMMERCIALES (École préparatoire des), 43, rue Tocqueville, Paris. — *Internes : 2 200 fr. Demi-pension : 1 300 fr. Externes : 1 000 fr. — 15 ans. — Bourses.***

| (Étrangers admis.) Pas de conditions. | Pas d'examen. | Candidats à l'école des Hautes Études commerciales. |

**104. HORLOGERIE (École nationale d') de Cluses (Haute-Savoie). — *Externat gratuit. Pension en ville : 600 fr. 3 ans. — 14 ans. — Examen.***

| Le certificat d'études primaires, ou un certificat d'instruction délivré par un chef d'institution sur les matières indiquées à la colonne suivante. | Lecture, Écriture, Orthographe. Calcul numération et les 4 règles. Notions du système métrique. | Certificats d'études. Ouvriers instruits et habiles dans les diverses parties de l'horlogerie. |

**105. HORLOGERIE (École d') de Paris, 30, rue Manin. — *Externes. Écolage 300 fr. Internat : 85 fr. par mois. 4 ans. 1 an au moins pour les jeunes gens ayant 2 ans d'apprentissage dans une autre école, ou pour les ouvriers désirant se perfectionner. — 13 ans révolus. (Exceptions). — Bourses.***

| Instruction correspondant au programme des écoles primaires. | Pas d'examen. | Certificats d'études. Ouvriers habiles. |

**106. HORLOGERIE (École municipale d') de Besançon (Doubs). — *École nat : 200 fr. (Gratuit pour les enfants de Besançon. Pension au lycée : 937 fr. 3 à***

| CONDITIONS<br>—<br>Titres des élèves<br>à l'entrée de l'École. | PROGRAMMES D'ADMISSION | Titres et Emplois<br>à la sortie de l'École. |
| --- | --- | --- |
| 1 ans. — A partir de 13 ans, sans limite d'âge maximum ; examen. Après 20 ans, sans examen. | | |
| Avec le certificat d'études primaires (sans examen). De même avec un certificat d'instruction délivré par un chef d'institution constatant que le candidat a des connaissances équivalentes au programme d'examen. | Écriture, Grammaire française, Orthographe. Arithmétique, Histoire de France, Géographie de la France. | Diplôme de mérite. Certificat de capacité. Certificat de présence. Ouvriers habiles. Contremaîtres, chefs d'ateliers de fabrication. |

**107. HORLOGERIE (École d'), à Thônes (Haute-Savoie).** Fabrique de fournitures d'horlogerie. — *Externat gratuit : Pension en ville. — Apprentissage,* 2 ans. — 11 à 15 ans.

| | | |
| --- | --- | --- |
| Pas de conditions. | Pas d'examen. | Ouvriers habiles dans la fabrique de certaines pièces détachées de la montre. |

**108. HORLOGERIE (École d'), à Anet (Eure-et-Loir).** *Internat : 850 fr.* (diminution pour les parents peu fortunés). 3 ans et demi. — 13 ans au moins.

| | | |
| --- | --- | --- |
| Certificat d'études primaires ou degré d'instruction équivalent. | Pas d'examen. | Diplôme. Ouvriers instruits et habiles dans les diverses parties de l'horlogerie. |

**109. HYDROGRAPHIE (École d'), 13, rue de l'Université, Paris.** — *Traitement : 1800 fr. 2 ans.*

| | | |
| --- | --- | --- |
| Élèves de l'École polytechnique. | Pas d'examen. | Sous-ingénieurs. |

**110. HYDROGRAPHIE (Écoles d'), à Agde, Bastia. Bordeaux. Brest, Dunkerque, Granville, Le Havre. Marseille, Nantes, Paimpol, Saint-Malo. Vannes.** — *Externat gratuit.* 1 an. — 13 ans. — Examen.

| | | |
| --- | --- | --- |
| Pas de conditions. | Lecture, Écriture, Arithmétique. | Marins instruits. |

**111. INDUSTRIEL (Institut) du nord de la France, rue Jeanne-d'Arc, à Lille (Nord).** — *Internat : 1 100 fr. Demi-pension : 700 fr. Externat : 400 fr.* — 1re *catégorie :* Division de Technologie, 15 ans au moins pour les candidats

| CONDITIONS — Titres des élèves à l'entrée de l'École. | PROGRAMMES D'ADMISSION | Titres et Emplois à la sortie de l'École. |
|---|---|---|

non diplômés. — *2ᵉ catégorie :* Division de Génie civil, 16 ans au moins. — 3 ans. — Examen. Bourses au concours.

| *1ʳᵉ catégorie.* — Les bacheliers ès lettres et les élèves pourvus du certificat d'études de l'enseignement spécial sont admis de droit en 1ʳᵉ année.<br>*2ᵉ catégorie.* — Les élèves admissibles à l'École polytechnique et à l'École normale supérieure entrent de droit en 2ᵉ année s'ils justifient de connaissances suffisantes en calcul différentiel.<br>*1ʳᵉ et 2ᵉ catégories.* — Les bacheliers ès sciences et les bacheliers de l'enseignement spécial sont admis de droit en 2ᵉ année.<br>Les candidats âgés de 18 ans au moins, qui subissent avec succès l'examen sur les matières de l'enseignement de la 1ʳᵉ année sont admis directement en 2ᵉ année.<br>(Auditeurs libres). | *1ʳᵉ Catégorie. — Examen.* Arithmétique, Algèbre, Géométrie élémentaire, Physique, Chimie.<br>*Enseignement de la 1ʳᵉ année.* Langue française, Langue anglaise ou langue allemande, Mathématiques et mécanique élémentaires, Géométrie, Levé de plans et nivellement, Physique, Chimie, Travaux pratiques.<br>*2ᵉ Catégorie. — Examen.* Arithmétique complète, Algèbre, Géométrie plane, Géométrie dans l'espace, Trigonométrie rectiligne, Géométrie descriptive, Physique, Chimie, Dessin linéaire. | Ingénieurs civils, Directeurs d'usines et chefs d'ateliers.<br>Diplômes de capacité, de technologie, certificats de capacité de technologie.<br>Diplômes d'ingénieur civil.<br>Certificats de capacité de génie civil. |

**112. INDUSTRIELLE (École) annexée au Collége (Garçons), à Saumur (Maine-et-Loire). (Ateliers de modelage en terre, de tours et modèles, de forge et d'ajustage).** — 1ᵉ Cours préparatoire à l'emploi d'élève mécanicien des équipages de la flotte. *Pension :* 715 fr. 50. — 17 à 21 ans. — 2ᵉ Cours préparatoire aux Écoles d'arts et métiers. *Pension :* 751 fr. 50. — 15 à 17 ans.

| Pas de conditions. | Pas d'examen. | Candidats aux Écoles d'arts et métiers et à l'école des apprentis-mécaniciens de la marine, Industrie. |

**113. INDUSTRIELLE (École) annexée au Collége, à Flers (Orne).** — *1ʳᵉ catégorie :* Élèves ayant terminé leurs études générales. 1 an ou 2 ans. — *Externes :* 400 fr. *Internes :* 950 fr. — *2ᵉ catégorie :* Élèves de l'enseignement spécial du Collége. 4 ans. — *Externes :* 120 fr. *Pension :* 595 fr. *Demi-pension :* 390 fr.

| Pas de conditions. | Pas d'examen | Contremaîtres et chefs d'établissements de tissage et de teinture. |

| CONDITIONS — Titres des élèves à l'entrée de l'École. | PROGRAMMES D'ADMISSION | Titres et Emplois à la sortie de l'École. |
|---|---|---|

**114. INDUSTRIELLE (École) des Vosges, à Épinal (annexée au Collège).** — *Pension :* 600 fr. *Demi-pension :* 400 fr. *Externat :* 100 fr. — Section industrielle, 4 ans. Section commerciale, 2 ans.

| | | |
|---|---|---|
| Pas de conditions. | Pas d'examen. | Certificat d'études industrielles.<br>Chefs d'usines, mécaniciens, constructeurs, directeurs de tissage et de filatures, dessinateurs, chimistes, commerce. |

**115. INFANTERIE (École militaire d'), à Saint-Maixent (Deux-Sèvres).** - 1 an. — Concours.

| | | |
|---|---|---|
| Certificat d'instruction militaire.<br>Sous-officiers ayant 2 ans de grade. | Dictée, Narration française, Arithmétique, Géométrie, Topographie, Fortification, Histoire de France, Géographie, Instruction militaire pratique, Service intérieur, Service en campagne, Tir, Gymnastique. Escrime. | Sous-lieutenants. |

**116. INSTRUCTION AÉROSTATIQUE (École d'), à Chalais (Charente).** — Officiers aérostiers. Période d'instruction : 30 jours. — Officiers du génie et officiers d'état-major : 15 jours. — Hommes de troupe : 20 jours. — Enseignement professionnel : 3 mois.

| | | |
|---|---|---|
| 1º Officiers de Compagnies d'aérostiers, officiers du génie chargés des parcs aérostatiques et un certain nombre d'officiers d'état-major.<br>2º Sous-officiers et hommes de troupe des compagnies d'aérostiers.<br>3º Sapeurs aérostiers des régiments du génie. | Pas d'examen. | Aérostiers habiles. |

**117. LA FLÈCHE (Sarthe) (Prytanée militaire).** — *Internat :* 850 fr. *Demi-pension :* 425 fr. *Élèves.* (Jusqu'à 19 ans). — 9 à 16 ans. — Examen suivant l'âge. Bourses en faveur : 1º Des fils d'officiers décédés en activité de service, tués à l'ennemi ou morts des suites de leurs blessures. 2º Des fils d'officiers en activité

| CONDITIONS — Titres des élèves à l'entrée de l'École. | PROGRAMMES D'ADMISSION | Titres et Emplois à la sortie de l'École. |
|---|---|---|
| | ou retraités. 3° Des fils d'employés titulaires de l'administration centrale de la guerre. | |
| Avec le certificat d'aptitude du baccalauréat ès lettres (1re partie) ou un diplôme de bachelier (sans examen.) | 1re *Série*. 9 à 10 ans. Langue française, Histoire de France, Géographie de la France.<br><br>2e *Série*. 10 à 11 ans. (Matières de la 1re série) plus l'Allemand.<br><br>3e *Série*. 11 à 12 ans. Langue française, Latin, Arithmétique, Allemand.<br><br>4e *Série*. 12 à 13 ans. (Matières de la 3e série) plus la Géométrie, l'Histoire de la Grèce ancienne, Géographie, moins l'Europe, Géographie ancienne.<br><br>5e *Série*. 13 à 14 ans. (Matières de la 4e série) excepté pour l'Histoire et la Géographie, Géographie de la France, Histoire romaine.<br><br>6e *Série*. 14 à 15 ans. (Matières de la 5e série) excepté pour l'Histoire et la Géographie). Histoire générale, Géographie. (L'Europe moins la France.)<br><br>7e *Série*. 15 à 16 ans. (Matières de la 6e série) excepté pour la Géographie, Géographie, moins l'Europe, en plus : Algèbre, Physique, Chimie. | Candidats aux baccalauréats ès sciences et ès lettres.<br>Candidats aux écoles Polytechnique et Saint-Cyr. |

## 118. LA MARTINIÈRE (École des sciences et arts industriels) de Lyon (Rhône). — *Externat gratuit.* 3 ans. — 13 ans. — Examen.

| | | |
|---|---|---|
| Pas de conditions. | Arithmétique, Système métrique, Dictée, Écriture, Histoire de France, (les deux premières races) Géographie de la France. | Diplômes de 1re ou de 2me classe.<br>(L'administration recommande les bons élèves).<br>Industrie, Commerce. |

## 119. LA MARTINIÈRE (École professionnelle) (Filles), 20, rue Royale, à Lyon (Rhône). — *Externat gratuit.* 3 ans. — 13 ans. — Examen.

| | | |
|---|---|---|
| Pas de conditions. | Dictée, Écriture, Arithmétique. | Diplômes d'apprentissage.<br>Ouvrières instruites et habiles.<br>Commerce, industrie, broderie, modes, lingerie. |

| CONDITIONS — Titres des élèves à l'entrée de l'École | PROGRAMMES D'ADMISSION | Titres et Emplois à la sortie de l'École |
|---|---|---|

**120. LANGUES ORIENTALES VIVANTES (École spéciale des), 2, rue de Lille, Paris.** — *Cours publics et gratuits.* — 16 à 21 ans. -- Subventions.

| | | |
|---|---|---|
| Baccalauréats ès lettres ou ès sciences (sans titre pour la section commerciale) (auditeurs libres) (Étrangers admis.) | Pas d'examen. | Diplôme d'élève breveté de l'école des langues orientales vivantes. Certificat pour ceux qui n'ont pas le baccalauréat. Bourses de séjour à l'étranger. Commerce. Interprètes pour les pays de l'Orient. |

**121. LE CAIRE (École française de).** — Mission permanente. Étude des antiquités égyptiennes et grecques. Étude de la langue arabe, etc.

| | | |
|---|---|---|
| Pas de conditions. | Pas d'examen. | Savants archéologues. |

**122. LOUVRE (École du) cour Lefuel, au Louvre, Paris.** — *Enseignement gratuit.* —(Les élèves sont inscrits pour un ou plusieurs cours). 3 ans.

| | | |
|---|---|---|
| Pas de conditions. (Auditeurs libres). | Pas d'examen. | Conservateurs ou bibliothécaires instruits pour les musées ou missions scientifiques. Diplômes. |

**123. LYCÉE VOLTAIRE (Garçons), avenue de la République, Paris.** — *Demi-pension :* 680 à 800 fr. *Externes surveillés :* 300 à 150 fr. *Externes libres :* 200 à 350 fr. — Examen de classement. — Enseignement élémentaire, de 6 à 11 ans. Enseignement secondaire. Enseignement secondaire spécial. — 6 années. — Bourses.

| | | |
|---|---|---|
| Pas de conditions. | Pas d'examen. | A la fin de la 7e, certificat d'études élémentaires. Candidats aux baccalauréats et aux Écoles de gouvernement. |

**124. LYCÉE BUFFON, boulevard de Vaugirard, Paris.** — *Demi-pension :* 530 à 580 fr. — *Externes :* 90 à 100 fr. — Classe primaire et classe enfantine,

| CONDITIONS<br>—<br>Titres des élèves à l'entrée de l'École. | PROGRAMMES D'ADMISSION | Titres et Emplois à la sortie de l'École. |
| --- | --- | --- |

*frais de surveillance :* 60 fr. — Enseignement secondaire moderne. — Enseignement secondaire classique. — Enseignement primaire, de 6 à 11 ans. — 6 années.

| Pas de conditions. | Pas d'examen. | Candidats aux baccalauréats et aux écoles du gouvernement. A la fin de la septième, certificat d'études élémentaires. |
| --- | --- | --- |

**125. LYCÉE CHARLEMAGNE (Garçons), rue Saint-Antoine. Paris.** — *Demi-pension :* 680 à 800 fr. *Externes surveillés :* 300 à 500 fr. *Externes :* 200 à 400 fr. — Examen de classement. Bourses au concours : *Enseignement classique.* 1re série 12 ans, 2e série moins de 13 ans, 3e série moins de 14 ans, 4e série moins de 16 ans, 5e série moins de 17 ans, 6e série moins de 18 ans. *Enseignement spécial.* 1re série moins de 13 ans, 2e série moins de 14 ans, 3e série moins de 15 ans, 4e série moins de 16 ans, 5e série moins de 17 ans, 6e série moins de 18 ans.

| Pas de conditions. | *Bourses.*<br>*Épreuves écrites.*<br>Enseignement classique :<br>1re et 2e série : Dictée, Histoire, Géographie, Sciences. Pour les 4 autres séries : Composition française, version latine ou grecque. Pour l'admission en mathématiques élémentaires : Sciences. Version latine.<br>Enseignement spécial :<br>Pour la 1re année, Dictée. Composition sur une des matières du cours. Pour les autres séries : Composition sur une des matières du cours, thème et version de langue vivante.<br>(Épreuve orale, voir le n° 125.) | Certificat d'études après la 1re année.<br>Diplôme de bachelier après la 6me année, équivalent aux deux baccalauréats pour presque toutes les carrières.<br>Candidats aux Écoles polytechnique, normale et centrale. |
| --- | --- | --- |

**126. LYCÉE CONDORCET (Garçons), 65, rue Caumartin, rue du Havre, 8, Paris. PETIT LYCÉE, 61, rue d'Amsterdam.** — *Demi-pension :* 700 à 1 000 fr. *Externes :* 200 à 600 fr. — Examen de classement. Bourses au concours comme au n° 125.

| Pas de conditions. | Comme le n° 125. | Candidats aux baccalauréats et aux écoles du gouvernement. |
| --- | --- | --- |

| CONDITIONS — Titres des élèves à l'entrée de l'École. | PROGRAMMES D'ADMISSION | Titres et Emplois à la sortie de l'École. |
| --- | --- | --- |

**127. LYCÉE SAINT-LOUIS (Garçons), 44, boulevard Saint-Michel, Paris.** — Lycée classique : *Externes :* 250 à 300 fr. École préparatoire : *Pension :* 1 500 à 1 650 fr. *Demi-Pension :* 850 à 1 000 fr. *Externes :* 350 à 400. — Examen de classement. Bourses au concours comme au n° 123.

| Pas de conditions. | (Voir épreuves écrites, n° 123.) *Épreuves orales.* Enseignement classique : 1re série : Lecture, Explication d'un texte français, Sciences, Histoire, Géographie. 2e et 3e série : Explication française, Explication latine, Sciences, Histoire, Géographie, langues vivantes. Les autres séries (comme les 2e et 3e séries) en plus : Explication grecque. Pour l'admission en mathématiques élémentaires : Explication française ou latine, Mathématiques, Physique, Histoire, Géographie, Langues vivantes. Enseignement spécial : 1re série : Lecture, Explication d'un texte français, Sciences, Histoire, Géographie. 2e, 3e et 4e série : (comme la 1re série) en plus : Langues vivantes. 5e série : (comme les 2e, 3e et 4e séries) en plus : Morale et Législation. 6e série : (comme la 5e série) La Morale et la Législation sont remplacées par l'Économie politique. | Candidats aux baccalauréats et aux écoles du gouvernement. |

**128. LYCÉE DE VERSAILLES (Seine-et-Oise) (Garçons), 73, avenue de Saint-Cloud, et boulevard de la Reine, 72.** — *Pension :* 900 à 1 300 fr. *Demi-Pension :* 500 à 750 fr. *Externes surveillés :* 210 à 390 fr. *Externes :* 150 à 300 fr. — Examen de classement. Bourses au concours comme au n° 123.

| Pas de conditions. | Comme le n° 123. | Candidats aux baccalauréats et aux écoles du gouvernement. |

**129. LYCÉES (Garçons) HENRI IV, 23, rue Clovis (Panthéon), JANSON-DE-SAILLY (Passy), LOUIS-LE-GRAND 123, rue Saint-Jacques (Paris), MICHELET (Vanves).** — *Pensions :* 1 000 à 1 650 fr. *Demi-pension :* 600 à 1 000 fr. *Externes :* 200 à 400 fr. — Examen de classement. Bourses au concours comme au n° 123.

| Pas de conditions. | Comme le no 123. | Candidats aux baccalauréats et aux écoles du gouvernement. |

| CONDITIONS — Titres des élèves à l'entrée de l'École. | PROGRAMMES D'ADMISSION | Titres et Emplois à la sortie de l'École. |
|---|---|---|

**130. LYCÉE MONTAIGNE (ancien petit lycée Louis-le-Grand), rue Auguste-Comte (Luxembourg), à Paris.** — *(Jusqu'à la 4e inclusivement).* — *Pension :* 900 à 1 300 fr. — *Demi-pension :* 500 à 750 fr. — *Externat :* 90 à 300 fr.

| Pas de conditions. | Pas d'examen. | Après la classe de 7e, certificat spécial d'études secondaires élémentaires. Candidats aux baccalauréats et aux écoles du Gouvernement. |

**131. LYCÉE FÉNELON (Filles), 43, rue Saint-André-des-Arts. LYCÉE MOLIÈRE, 71, rue du Ranelagh. LYCÉE RACINE, 28, rue du Rocher, Paris.** — *Demi-pension :* 600 à 800 fr. *Externes surveillées :* 300 à 400 fr. *Externes :* 200 à 300 fr. — Classes primaires, 7 à 12 ans. Cours secondaires 12 à 17 ans. — Examen de classement. Bourses au concours : 1re série, moins de 13 ans ; 2e série, moins de 11 ans ; 3e série, moins de 15 ans ; 4e série, moins de 16 ans ; 5e série, moins de 17 ans.

| Les aspirantes pourvues du diplôme de bachelier ès lettres ou du diplôme de bachelier ès sciences sont dispensées de l'examen d'aptitude aux bourses. | Bourses. — *Épreuves écrites.* 1re *Série.* Dictée. Composition sur des matières du cours moyen de l'enseignement primaire obligatoire. 2e et 3e *Série.* Composition littéraire et Composition scientifique sur les matières de 1re et 2e années. 4e et 5e *Série.* Composition littéraire ou historique et Composition scientifique sur les matières de 3e et de 4e années. Version de langue vivante. *Épreuves orales.* 1re *Série.* Grammaire, Calcul, Histoire, Géographie. 2e et 3e *Série.* Langue française. Histoire. Géographie, Mathématiques, Histoire naturelle. 4e *Série.* Littérature. Histoire, Géographie. Sciences. Langues vivantes. 5e *Série.* Morale. Littérature, Histoire, Sciences. Langues vivantes. | Certificat d'études secondaires de 3e année. A la fin de la 5e année, diplôme de fin d'études secondaires. Candidats à l'école normale de Sèvres. Enseignement primaire. Maîtresses répétitrices. |

**132. LYCÉE CARNOT (Garçons), 145, boulevard Malesherbes, Paris.** — *Demi-pension :* 550 à 1 000 fr. *Externes libres :* 100 à 400 fr. *Externes surveillés :* 150 à 350 fr. — Enseignement élémentaire et primaire, de 5 à 11 ans. Enseignement secondaire classique. Enseignement secondaire moderne. Cours préparatoires aux grandes écoles du Gouvernement :

| Pas de conditions. | Pas d'examen. | Certificat d'études secondaires de 3e année. Candidats aux baccalauréats et aux Écoles du gouvernement. |

| CONDITIONS — Titres des élèves à l'entrée de l'École. | PROGRAMMES D'ADMISSION | Titres et Emplois à la sortie de l'École. |
|---|---|---|
| | | |

**133. MAISTRANCE (École supérieure de), à Brest. — Examen d'admission. — 1° Cours de charpentage. 2° Cours de machines à vapeur. — 14 mois.**

| | | |
|---|---|---|
| Ouvriers ayant ou n'ayant pas suivi les cours d'une école de maistrance. | *Épreuves écrites.* Dictée, Arithmétique, Dessin. *Épreuves orales.* Lecture, Grammaire, Arithmétique, Géométrie. | Brevet de capacité, ouvriers habiles et instruits pour la maistrance. |

**134. MAISTRANCE (Écoles de), à Brest, Cherbourg, Lorient, Rochefort, Toulon. — Examen.**

| | | |
|---|---|---|
| Ouvriers des arsenaux des établissements de la marine ou des équipages de la flotte comptant deux ans de service. | Français. Arithmétique, Géométrie, Dessin linéaire. | Ouvriers habiles et instruits pour la maistrance, certificat d'études. |

**135. MANUFACTURES DE L'ÉTAT (École d'application des), quai d'Orsay, Paris. — *Élèves ingénieurs. Traitement :* 1800 fr. 2 ans.**

| | | |
|---|---|---|
| Élèves de l'École polytechnique sortis dans les premiers rangs. | Pas d'examen. | Ingénieurs des tabacs. |

**136. MARINE (Établissement des pupilles de la), à Brest (Finistère). — Dès l'âge de 7 ans, pour les orphelins de père et de mère. A 9 ans au moins pour les autres. — Jusqu'à l'âge de 14 ans. — (Jusqu'à l'âge de 16 ans pour les orphelins de père et de mère).**

| | | |
|---|---|---|
| Orphelins ou enfants des gens de mer compris dans l'une de trois catégories suivantes : 1° Officiers-mariniers, maîtres au cabotage et marins de l'inscription maritime. 2° Sous-officiers et soldats des troupes de la marine. 3° Maîtres entretenus, contremaîtres, ouvriers, etc., réunissant certaines conditions de service. | Pas d'examen. | Candidats à l'école des mousses admissibles dans les ateliers des arsenaux ou dans les équipages de la flotte. Certificat de capacité. |

**137. MARINS (École des apprentis), en rade de Brest (Finistère). — 1re *catégorie :* Apprentis gabiers. 6 mois. — 16 ans au moins pour les anciens mousses, 17 ans et demi au moins pour les autres aspirants. — 2e *catégorie :***

| CONDITIONS<br>—<br>Titres des élèves<br>à l'entrée de l'École. | PROGRAMMES D'ADMISSION | Titres et Emplois<br>à la sortie de l'École. |
| --- | --- | --- |

Apprentis canonniers. 4 mois. — 17 à 30 ans. — *3e catégorie : * Apprentis timonniers. 6 mois. — 16 ans au moins pour les anciens mousses ; 18 ans et demi pour les autres candidats. — *4e catégorie : * Apprentis torpilleurs. 5 mois et demi. — 17 ans au moins pour les anciens mousses et les engagés à long terme. 17 ans au moins pour les inscrits maritimes.

| | | |
| --- | --- | --- |
| Les aspirants doivent être doués d'une bonne constitution.<br>*1re et 2e catégories.* — Les aspirants doivent savoir lire.<br>*3e catégorie.* — Les aspirants doivent avoir une instruction élémentaire. | Pas d'examen. | Marins et matelots instruits se destinant aux Écoles de spécialités. |

**138. MATELOTAGE (École de) (Gabiers), à bord de la *Résolue*. — Campagne de 4 mois et demi.**

| | | |
| --- | --- | --- |
| Apprentis gabiers provenant de l'école des apprentis-marins *la Bretagne.* | Pas d'examen. | Gabiers pour le service à bord des bâtiments de la flotte.<br>Brevet de gabier. |

**139. MÉCANICIENS (École des) des Équipages et de la flotte, à Toulon (Var) et à Brest (Finistère). — *1re catégorie : * Apprentis mécaniciens. 2 ans. — 16 à 18 ans. — (Solde de réserve). Concours. — *2e catégorie : * Ouvriers mécaniciens. 18 à 25 ans. Concours. — *3e catégorie : * Élèves mécaniciens. 17 à 21 ans. Concours.**

| | | |
| --- | --- | --- |
| *1re catégorie.* — Ajusteurs, forgerons, chaudronniers en cuivre ou en fer.<br>*2e catégorie.* — Ouvriers ajusteurs, forgerons, chaudronniers en cuivre ou en fer, fondeurs, mouleurs.<br>*3e catégorie.* — 1° Les élèves diplômés des Écoles professionnelles ou industrielles et des écoles de maistrance des arsenaux.<br>2° Les ouvriers civils : ajusteurs, forgerons, chaudronniers en fer ou en cuivre, fondeurs, mouleurs.<br>(*Les élèves diplômés des Écoles d'arts et métiers peuvent être nommés élèves mécaniciens sans concours*). | *1re catégorie.*<br>Épreuves manuelles.<br>Épreuves écrites : Dictée, Histoire, Géographie, Arithmétique, Algèbre, Géométrie, Dessin linéaire.<br>*2e catégorie.*<br>Épreuves professionnelles.<br>*3e catégorie.*<br>Épreuves manuelles.<br>Épreuves écrites : Dictée, Arithmétique, Dessin linéaire.<br>Épreuves orales : Arithmétique, Géométrie, Algèbre, Mécanique, Physique. Description des machines. | *1re catégorie.*<br>Quartiers-maîtres mécaniciens ou ouvriers mécaniciens.<br>*2e catégorie.*<br>Après un certain temps d'embarquement, les ouvriers mécaniciens peuvent suivre les cours des Écoles de mécaniciens et être nommés quartiers-maîtres.<br>*3e catégorie.*<br>Après un an d'embarquement, les élèves mécaniciens sont admis à suivre les cours des candidats au grade de second maître théorique. |

| CONDITIONS — Titres des élèves à l'entrée de l'École. | PROGRAMMES D'ADMISSION | Titres et Emplois à la sortie de l'École. |
| --- | --- | --- |

**110. MÉCANICIENS** (École municipale d'apprentis) pour la Marine, rue de Tourville, au Havre (Seine-Inférieure). — *Externat gratuit. 3 ans.* — 15 à 17 ans.

| CONDITIONS | PROGRAMMES D'ADMISSION | Titres et Emplois |
| --- | --- | --- |
| Les candidats doivent être familiarisés avec les travaux d'une des professions de forgeron, ajusteur, chaudronnier en fer ou en cuivre, tourneur sur métaux. | *Épreuves manuelles.* *Épreuves écrites.* Dictée, Écriture. Arithmétique, Géométrie, Dessin linéaire. *Épreuves orales.* Grammaire française, Histoire, Géographie, Arithmétique, Géométrie élémentaire, Algèbre. | Mécaniciens pour les bâtiments à vapeur du commerce. Élèves-mécaniciens dans la marine de l'État. Diplôme. Certificat de capacité. |

**111. MÉDECINE (Écoles de)** à Paris, Montpellier, Nancy. — *Externat. Aspirants docteurs en médecine ou en chirurgie*, 12 inscriptions à 30 fr. *Aspirants officiers de santé*, 16 inscriptions, 4 ans. *Aspirants pharmaciens de 1re ou de 2e classe*, 12 inscriptions. — 1re catégorie : Aspirants docteurs en médecine ou en chirurgie, sans examen. 2e catégorie : Aspirants officiers de santé, 17 ans. Examen. 3e catégorie : Aspirantes sages-femmes de 1re et de 2e classes, 18 à 35 ans, sans examen.

| CONDITIONS | PROGRAMMES D'ADMISSION | Titres et Emplois |
| --- | --- | --- |
| *1re Catégorie.* Les deux diplômes de bacheliers ès lettres et ès sciences restreint ou le baccalauréat de l'enseignement secondaire spécial. *2e Catégorie.* Avec un diplôme de bachelier sans examen. Avec le baccalauréat ès lettres 1re partie : examen seulement sur les matières scientifiques. *3e Catégorie.* Pas de conditions. | *2e Catégorie.* Composition française, Version latine, Anglais ou Allemand. Explication d'un texte français, Arithmétique, Géométrie, Algèbre. Physique, Chimie, Histoire naturelle. *3e Catégorie.* (Savoir lire et écrire.) | Diplôme de docteur en médecine ou en chirurgie. Diplôme d'officier de santé. Certificats de sage-femme de 1re et 2e classe. |

**112. MÉDECINE NAVALE (Écoles de)**, à Brest, Toulon et Rochefort. — *2 ans.* — 18 à 23 ans.

| CONDITIONS | PROGRAMMES D'ADMISSION | Titres et Emplois |
| --- | --- | --- |
| *Étudiants en médecine.* Les deux baccalauréats ès lettres et ès sciences restreint ou celui de l'enseignement secondaire spécial. *Étudiants en pharmacie.* Les baccalauréats ès lettres et ès sciences complet ou celui de l'enseignement secondaire spécial. | Pas d'examen. | Médecins et pharmaciens auxiliaires de 2e classe. |

| CONDITIONS<br>—<br>Titres des élèves<br>à l'entrée de l'École. | PROGRAMMES D'ADMISSION | Titres et Emplois<br>à la sortie de l'École. |
| --- | --- | --- |

**113. MÉDECINE ET PHARMACIE** (Écoles préparatoires de), à Alger, Amiens, Angers, Besançon, Caen, Clermont, Dijon, Grenoble, Limoges, Poitiers, Reims, Rennes, Rouen et Tours. — *Aspirants docteurs en médecine ou en chirurgie*, les 12 premières inscriptions. *Aspirants pharmaciens de 1re classe*, les 8 premières inscriptions. *Aspirants pharmaciens de 2e classe*, 12 inscriptions. *Aspirants officiers de santé*, 16 inscriptions, 4 ans. — 1re catégorie : Aspirants docteurs en médecine ou en chirurgie, sans examen. 2e catégorie : Aspirants pharmaciens de 1re classe, sans examen. 3e catégorie : Aspirants pharmaciens de 2e classe, 16 ans, et officiers de santé, 17 ans, examen. 4e catégorie : Aspirantes sages-femmes de 2e classe, sans examen.

| | | |
| --- | --- | --- |
| *1re Catégorie.*<br>Les deux baccalauréats ès lettres, ès sciences restreint ou le baccalauréat de l'enseignement secondaire spécial.<br>*2e Catégorie.*<br>Le baccalauréat ès lettres et ès sciences complet ou de l'enseignement secondaire spécial.<br>*3e Catégorie.*<br>Avec un diplôme de bachelier, sans examen ; avec le baccalauréat ès lettres 1re partie, examen seulement sur les matières scientifiques.<br>*4e Catégorie.*<br>Pas de conditions. | *3e Catégorie.*<br>Composition française, Version latine, anglais ou allemand, Explication d'un texte français, Arithmétique, Géométrie, Algèbre, Physique, Chimie, Histoire naturelle.<br>*4e Catégorie.*<br>(Savoir lire et écrire). | Les aspirants docteurs en médecine ou en chirurgie ou pharmacien de 1re classe vont dans une faculté.<br>Diplôme de pharmacien de 2e classe. Diplôme d'officier de santé. Certificat de sage-femme de 2e classe.<br>(Diplôme d'herboriste de 2e classe, à partir de 21 ans).<br>(Aucune condition d'études pour l'examen). |

**114. MÉDECINE ET PHARMACIE MILITAIRES** (Écoles de) au Val-de-Grâce, Paris. — *Élèves stagiaires. Subvention :* 2928 fr. par an. Stage du 1er janvier au 1er novembre. — Examen de classement.

| | | |
| --- | --- | --- |
| Élèves du service de santé militaire reçus docteurs en médecine ou pharmaciens de 1re classe admis de plein droit.<br>Certificat d'aptitude. | **Élèves docteurs.** — Pathologie, Examens de deux malades, Affection médicale (Affection chirurgicale), Épreuve de médecine opératoire, Hygiène.<br>**Élèves pharmaciens.** — Histoire naturelle, Physique, Chimie, Histoire naturelle des médicaments et de matière médicale, Pharmacie, Préparation de médicaments inscrits au codex. | Médecins ou pharmaciens aides-majors de 2e classe. |

**145. MÉDECINE ET PHARMACIE** (Écoles mixtes de) à Bordeaux, Lille et Lyon. — *Externat. Aspirants docteurs en médecine ou en chirurgie*, 12 inscriptions à 30 fr. *Aspirants pharmaciens de 1re ou de 2e classe*, 12 inscriptions. *Aspirants officiers de santé*, 16 inscriptions. — 1re catégorie : Aspirants docteurs en méde-

| CONDITIONS<br>—<br>Titres des élèves à l'entrée de l'École. | PROGRAMMES D'ADMISSION | Titres et Emplois à la sortie de l'École. |
| --- | --- | --- |

cine ou en chirurgie, sans examen. 2e catégorie : Aspirants pharmaciens de 1re classe, sans examen. 3e catégorie : Aspirants officiers de santé, 17 ans. Aspirants pharmaciens de 2e classe, 16 ans, examen. 4e catégorie : Aspirantes sages-femmes de 1re et de 2e classe, 18 à 35 ans, sans examen.

| | | |
| --- | --- | --- |
| *1re Catégorie.*<br>Les deux diplômes de bachelier ès lettres et ès sciences restreint ou le baccalauréat de l'enseignement secondaire spécial.<br>*2e Catégorie.*<br>Les baccalauréats ès lettres, ou ès sciences complet ou de l'enseignement secondaire spécial.<br>*3e Catégorie.*<br>Avec un diplôme de bachelier (sans examen) avec le baccalauréat ès lettres (1re partie), examen seulement sur les matières scientifiques. | *3e Catégorie.*<br>Composition française. Version latine, anglais ou allemand. Explication d'un texte français. Arithmétique. Géométrie. Algèbre, Physique, Chimie. Histoire naturelle.<br>*4e Catégorie.*<br>(Savoir lire et écrire.) | Diplôme de docteur en médecine ou en chirurgie. Diplôme de pharmacien de 1re ou de 2e classe (à 25 ans révolus).<br>Diplôme supérieur de pharmacien de 1re classe (4 inscriptions).<br>Diplôme d'officier de santé.<br>Certif. de sages-femmes de 1re ou de 2e classe.<br>Diplômes d'herboristes de 1re et de 2e classe (à partir de 21 ans). |

**146. MÉDECINE ET PHARMACIE** (Écoles de, de plein exercice, à Marseille, **Nantes, Toulouse.** — *Externat. Aspirants docteurs en médecine ou en chirurgie,* 12 inscriptions à 30 fr. *Aspirants pharmaciens de 1re ou de 2e classe,* 12 inscriptions. *Aspirants officiers de santé,* 16 inscriptions, 4 ans. — 1re catégorie : Aspirants docteurs en médecine ou en chirurgie, sans examen. 2e catégorie : Aspirants pharmaciens de 1re classe, sans examen. 3e catégorie : Aspirants officiers de santé, 17 ans. Aspirants pharmaciens de 2e classe, 16 ans. Examen. 4e catégorie : Aspirantes sages-femmes de 2e classe, 18 à 35 ans, sans examen.

| | | |
| --- | --- | --- |
| *1re Catégorie.*<br>Les 4 baccalauréats ès lettres et ès sciences restreint ou le baccalauréat de l'enseignement secondaire spécial.<br>*2e Catégorie.*<br>Les baccalauréats ès lettres ou ès sciences complet ou de l'enseignement secondaire spécial.<br>*3e Catégorie.*<br>Avec un diplôme de bachelier, sans examen.<br>Avec le baccalauréat ès lettres 1re partie : examen seulement sur les matières scientifiques. | *3e Catégorie.*<br>Composition française. Version latine, anglais ou allemand. Explication d'un texte français, Arithmétique, Géométrie, Algèbre, Physique, Chimie, Histoire naturelle.<br>*4e Catégorie.*<br>(Savoir lire et écrire). | Diplôme de docteur en médecine ou en chirurgie.<br>Diplôme de pharmacien de 1re classe ou de 2e classe, à 25 ans révolus.<br>Diplôme d'officier de santé.<br>Certificat de sage-femme de 2e classe.<br>Diplôme d'herboriste de 2e classe (à partir de 21 ans). |

| CONDITIONS<br>—<br>Titres des élèves<br>à l'entrée de l'École. | PROGRAMMES D'ADMISSION | Titres et Emplois<br>à la sortie de l'École. |
|---|---|---|

**117. MILITAIRES (Écoles préparatoires). à Rambouillet (Seine-et-Oise), à Montreuil-sur-Mer (Pas-de-Calais), Saint-Hippolyte-du-Fort (Gard), Les Andelys (Eure). — Autun (Saône-et-Loire), Cavalerie. — Billom (Puy-de-Dôme), Artillerie, génie, train. — *Internat*. — 13 à 11 ans.**

| | | |
|---|---|---|
| Fils de soldats, caporaux ou brigadiers, sous-officiers; officiers jusqu'au grade de capitaine ou assimilés.<br>Les fils d'officiers supérieurs ou assimilés décédés.<br>Les fils de militaires retraités. | Pas d'examen. | Engagements à 18 ans. |

**148. MINES (École nationale supérieure des) 60, boulevard Saint-Michel, Paris. (COURS PRÉPARATOIRES). — *Externat gratuit*, 3 ans. (*Cours préparatoires*, 1 an). — 16 à 22 ans.) — 17 à 23 ans. — Concours.**

| | | |
|---|---|---|
| Élèves ingénieurs sortant de l'École polytechnique sans examen.<br>Élèves externes. | **Cours préparatoires.** — Écriture, Orthographe, Dessin d'imitation, Géographie, Arithmétique, Algèbre, Géométrie, Trigonométrie, Géométrie rectiligne, analytique, descriptive, physique, Chimie. | Les élèves ingénieurs sont nommés ingénieurs ordinaires de 3e classe.<br>Pour les externes : Diplôme d'ancien élève externe de l'École nationale supérieure des Mines.<br>Pour les Étrangers : Certificats d'études. |
| Élèves libres, sans examen.<br>(Étrangers autorisés.) | **Élèves externes.** — Écriture, Orthographe, Analyse infinitésimale, Mécanique, Géométrie descriptive, physique, Chimie générale, Dessin géométrique, lavis. | Industrie. — Ingénieurs-directeurs des mines et d'usines métallurgiques, de chemins de fer, etc. |

**149. MINES de SAINT-ÉTIENNE (Loire) (École des). — *Externat gratuit*, 3 ans. — 16 à 25 ans (les militaires et marins libérés du service jusqu'à 28 ans). — Concours.**

| | | |
|---|---|---|
| Pas de conditions. | Langue française, Arithmétique, Algèbre, Géométrie, Trigonométrie rectiligne, Géométrie analytique, Géométrie descriptive, Physique, Chimie, Dessin linéaire, Dessin d'imitation, lavis, Exécution des épures du programme de géométrie descriptive. | Brevets de capacité de trois classes différentes. Directeurs d'exploitation des mines et d'usines métallurgiques. Gardes-mines. |

**150. MINEURS (École des Maîtres ouvriers) d'Alais (Gard). — *Internat*, 360 francs. 2 ans. — 18 ans. — Examen. Bourses de préférence aux mineurs ou fils de mineurs.**

| | | |
|---|---|---|
| Ouvriers mineurs, 18 mois de service dans une mine (de 18 à 20 ans).<br>2 ans de service dans une mine, s'ils ont satisfait à la loi sur le recrutement. | Lecture, Écriture, Orthographe, Arithmétique et système métrique. | Brevets de maître mineur.<br>Contremaîtres.<br>Les 3 premiers sont gardes-mines. |

| CONDITIONS — Titres des élèves à l'entrée de l'École. | PROGRAMMES D'ADMISSION | Titres et Emplois à la sortie de l'École. |
|---|---|---|

**151. MINEURS (École des Maîtres) de Douai (Nord). — *Internes :* 500 fr. 1 an ou 2 ans. — 16 ans au minimum.**

| | | |
|---|---|---|
| Aucun titre exigé. Ouvriers mineurs admis de préférence. | Lecture, Écriture, Arithmétique et système métrique. | Brevet de capacité. Maîtres mineurs. Géomètres. Gardes-mines. |

**152. MOUSSES (École des), en rade de Brest (Finistère). — Régime militaire. — 11 à 15 ans.**

| | | |
|---|---|---|
| 1° Fils des officiers-mariniers, quartiers-maîtres et marins. 2° Fils de militaires. 3° Fils des habitants du littoral. 4° Enfants de l'intérieur de la France. | Pas d'examen. | A 16 ans, les mousses contractent un engagement volontaire dans les équipages de la flotte. Marins habiles. |

**153. MUNICIPALES SUPÉRIEURES (Écoles) : Turgot, 69, rue Turbigo ; Colbert, 28, rue Château-Landon ; Lavoisier, 19, rue Denfert-Rochereau ; Arago, 1, Place de la Nation ; Sophie-Germain (filles), 9, rue de Jouy (Paris). — *Externat gratuit,* 3 ans. 1 année complémentaire. — En 1re année 12 à 15 ans. En 2e année 13 à 16 ans. En 3e année 11 à 17 ans. — Concours.**

| | | |
|---|---|---|
| Certificat d'études primaires. | *En 1re année.* — Orthographe, Écriture, Arithmétique, Géométrie, Histoire de France, Géographie générale, Enseignement moral et civique, Dessin d'ornement d'après le relief. *En 2e année.* — Examen sur les matières de l'enseignement des cours de 1re année, savoir : Langue française, Enseignement moral et civique, anglais ou allemand, Mathématiques, Histoire naturelle, Chimie, Physique, Mécanique, Histoire ancienne, Géographie, Comptabilité, Écriture, Dessin d'ornement, Dessin géométrique. *En 3e année.* — Matières de l'enseignement des cours de la 2e année (comme la 1re année). | Candidats au baccalauréat spécial et aux écoles du gouvernement. Commerce. Industrie. Candidats au certificat d'études primaires supérieures et au certificat d'études commerciales. |

**154. NAVALE (École) à Brest (Finistère). — *Internat :* 700 fr. 2 ans. — 14 à 18 ans. — Concours. Bourses.**

| | | |
|---|---|---|
| Les baccalauréats ès lettres ou (1re partie) ou ès sciences donnent 30 points. | Composition française, Arithmétique, Géométrie, Algèbre, Trigonométrie, Histoire, Géographie, Langue latine, Anglais, Dessin. | Aspirants de marine de 2e classe. |

| CONDITIONS — Titres des élèves à l'entrée de l'École. | PROGRAMMES D'ADMISSION | Titres et Emplois à la sortie de l'École. |
| --- | --- | --- |

**155. NORMALE (École supérieure), rue d'Ulm, 45, Paris.** — *Internat gratuit.* 3 ans. — 18 à 21 ans. — Concours. Tous boursiers. Engagement décennal.

| | | |
| --- | --- | --- |
| Section des lettres : baccalauréat ès lettres ; section des sciences : baccalauréat ès sciences. | *Section des Lettres.* — Dissertation de philosophie en français, Composition latine, Composition française, Version latine, Thème grec, Histoire, Explication des auteurs étudiés en rhétorique et en philosophie.<br>*Section des Sciences.* — Dissertation française de philosophie, Version latine, Mathématiques, Physique, Exécution d'une épure sur une question de géométrie descriptive, Copie d'une tête au trait. | Licenciés ou agrégés des lycées.<br>Professeurs pour l'enseignement secondaire classique et l'enseignement supérieur dans les établissements de l'État. |

**156. NORMALES (Écoles primaires supérieures), à Saint-Cloud (Seine-et-Oise) (Instituteurs), à Fontenay-aux-Roses (Seine) (Institutrices).** — *Internat gratuit. Externes gratuits.* 3 ans. — 19 à 25 ans. — Concours. Bourses pour les externes. Engagement décennal.

| | | |
| --- | --- | --- |
| Les élèves pourvus d'un certificat d'aptitude aux fonctions de professeur (sans examen d'entrée).<br>Brevet supérieur ou un baccalauréat, ou, pour les aspirantes, le diplôme de fin d'études de l'enseignement secondaire. | *Lettres.* — Lecture expliquée, Composition de littérature ou de grammaire, Pédagogie, Morale, Histoire, Géographie, anglais ou allemand.<br>*Sciences.* — Physique, Mathématiques, Chimie, Histoire naturelle, Dessin géométrique, Dessin d'ornement, allemand ou anglais, Pédagogie, Morale, Modelage ou travail sur le fer ou sur le bois, Aspirantes : Travail à l'aiguille. | Professeurs d'écoles normales, d'écoles primaires supérieures de filles et de garçons.<br>Candidats à l'examen du certificat d'aptitude aux fonctions de directrice. |

**157. NORMALES (Écoles d'instituteurs et d'institutrices).** — *Internat gratuit.* 3 ans. — 16 à 18 ans. — Concours. Engagement décennal.

| | | |
| --- | --- | --- |
| Brevet élémentaire. | **Langue française.**<br>Écriture, Arithmétique, Dessin à vue, Histoire de France, Géographie générale, Sciences physiques et naturelles, Résumé d'une leçon littéraire, Résumé d'une leçon scientifique, Chant, Musique, Gymnastique, Aspirants : Exercices militaires, Aspirantes : Travaux de couture. | Brevet supérieur, Enseignement public. |

**158. NORMALE (École secondaire des jeunes filles), à Sèvres (Seine-et-Oise).** — *Internat gratuit.* 3 ans — 18 à 21 ans. — Concours. Engagement décennal.

| | | |
| --- | --- | --- |
| Diplôme de fin d'études secondaires ou un baccalauréat ou le brevet supérieur de l'enseignement primaire. | *Section des Lettres.* — Langue et littérature françaises, Histoire, Géographie, Morale, allemand ou anglais.<br>*Section des Sciences.* — Arithmétique, Géométrie, Physique, Chimie, Histoire naturelle, Littérature, Morale, allemand ou anglais. | Directrices ou professeurs dans les lycées et collèges de jeunes filles. |

| CONDITIONS — Titres des élèves à l'entrée de l'École | PROGRAMMES D'ADMISSION | Titres et Emplois à la sortie de l'École. |
|---|---|---|

**159. ORPHELINAT MILITAIRE HÉRIOT**, à la Boissière (Seine-et-Oise). — *Internat gratuit.* — 5 à 13 ans. — Demande au conseil d'administration du corps auquel ils appartiennent.

| Enfants de troupe orphelins de l'armée de terre, fils de soldats, caporaux ou brigadiers ou sous-officiers. | Pas d'examen. | Admis aux écoles militaires préparatoires. |
|---|---|---|

**160. OUVRIERS ET CONTREMAITRES** (École nationale pratique d'), de Cluny (Saône-et-Loire). — *Internat :* 500 fr. — (En plus, frais accessoires : 105 fr.). — *Externes :* 3 ans. — 15 à 17 ans. — Concours.

| Français (ou candidats déclarant réclamer la qualité de Français). | *Épreuves écrites.* Écriture, Dictée, Dessin linéaire, Arithmétique, Géométrie. *Épreuve manuelle.* Exécution d'une pièce de bois ou de fer. | Brevet conférant le titre d'élève breveté de l'École nationale de Cluny. Ouvriers d'élite aptes à devenir contremaitres dans les industries des métaux et du bois. |
|---|---|---|

**161. PHARMACIE** (Écoles supérieures de), à Paris, Montpellier (Hérault), Nancy (Meurthe-et-Moselle). — *Externat. Aspirants pharmaciens de 1re ou 2e classe*, 12 inscriptions à 30 fr. — 1re catégorie : Aspirants pharmaciens de 1re classe, sans examen. — 2e catégorie : Aspirants pharmaciens de 2e classe. 16 ans. Examen.

| *1re Catégorie.* Le baccalauréat ès lettres ou ès sciences complet ou de l'enseignement spécial. *2e Catégorie.* Avec un diplôme de bachelier (sans examen) avec le baccalauréat ès lettres (1re partie), examen seulement sur les matières scientifiques. | *2e Catégorie.* Composition française, Version latine, anglais ou allemand. Explication d'un texte français, Arithmétique, Géométrie, Algèbre, Physique, Chimie, Histoire naturelle. | Diplôme de pharmacien de 1re classe. Diplôme supérieur de pharmacien de 1re classe (4 inscriptions). Diplôme de pharmacien de 2e classe. Diplômes d'herboristes de 1re et de 2e classe. |
|---|---|---|

**162. PHYSIQUE ET DE CHIMIE** (École municipale de) industrielles, 42, rue Lhomond, Paris (ancien collège Rollin). *Externat gratuit* (une indemnité de 50 fr. par mois peut être accordée) 3 ans. — 14 à 17 ans. — Concours.

| (Être Français). | Narration française, Arithmétique, Algèbre élémentaire, Géométrie plane, Géométrie dans l'espace, physique, Chimie. | Certificats. Diplômes. Ingénieurs. Chefs d'ateliers. |
|---|---|---|

| CONDITIONS<br>—<br>Titres des élèves<br>à l'entrée de l'École. | PROGRAMMES D'ADMISSION | Titres et Emplois<br>à la sortie de l'École. |
| --- | --- | --- |
| **163. PILOTAGE** (École de), à bord de l'*Élan*. — 5 ans. — 20 à 28 ans. — Examen d'admission. Concours. | | |
| Inscrits maritimes et matelots en activité de service, sachant gouverner la sonde des bâtiments à voile et des cano's et comptant trois ans de navigation. | Lecture, Écriture, Dictée, Arithmétique (les quatre règles), Système métrique. | Pilotes brevetés ayant le rang de premiers-maitres et d'officiers. |
| **164. POLYTECHNIQUE** (École), 5, rue Descartes, à Paris. — *Internat:* 1 000 fr. 2 ans. — 16 à 20 ans. Militaires ayant 2 ans de service jusqu'à 25 ans. — Concours. Bourses. | | |
| Baccalauréat ès sciences ou de l'enseignement secondaire spécial ou ès lettres ou baccalauréat ès lettres (1re partie). | Algèbre, Trigonométrie, Géométrie analytique, Géométrie descriptive, Physique, Chimie, Langue française, allemand, Dessin géométrique, Lavis, Dessin d'imitation, Epures, Feuilles de lavis et de dessin. | Ingénieurs ou officiers. Artillerie de terre, artillerie de mer, génie militaire, génie maritime, marine nationale, ingénieurs-hydrographes, commissariat de la marine, ponts et chaussées.<br>Mines, manufactures de l'Etat, Ingénieurs des poudres et salpêtres, Lignes télégraphiques. |
| **165. PONTS ET CHAUSSÉES** (École des), 28, rue des Saints-Pères, Paris. *Externat gratuit*. 3 ans. — Externes, 18 a 25 ans. — Concours. — *Cours préparatoires*, 1 an. 17 à 21 ans. — Concours. | | |
| Élèves ingénieurs sortant de l'École polytechnique (sans examen).<br>(Auditeurs libres).<br>(Etrangers admis).<br>Élèves externes. | *Élèves externes.*<br>Arithmétique, Géométrie, Algèbre, Trigonométrie rectiligne, Géométrie analytique, Géométrie descriptive, Calcul différentiel, Calcul intégral, Mécanique statique et dynamique, Physique, Chimie, Architecture, Dessin.<br>*Cours préparatoires.*<br>Arithmétique, Géométrie, Algèbre, Trigonométrie rectiligne, Géométrie analytique, Géométrie descriptive, Physique, Chimie, Dessin, Epures, Feuilles de lavis et de dessin. | Les élèves ingénieurs sortent ingénieurs de l'Etat. Diplôme ou certificat d'études, pour les externes.<br>A la suite d'un examen, les élèves des cours préparatoires sont déclarés admissibles aux cours d'élèves externes et sont dispensés de l'examen d'entrée. |
| **166. POSTES ET TÉLÉGRAPHES** (École professionnelle supérieure des), 103, rue Grenelle-Saint-Germain, Paris. — *Externat*. 2 ans. — Moins de 25 ans et 5 ans de service comme agents titulaires dans l'administration. — Concours. | | |
| Pas de conditions. | Service postal, Service télégraphique, Sciences mathématiques, Sciences physiques, Histoire et Géographie générale. | Brevet, Emplois supérieurs dans l'administration, Missions à l'étranger. |

| CONDITIONS — Titres des élèves à l'entrée de l'École. | PROGRAMMES D'ADMISSION | Titres et emplois à la sortie de l'École. |
|---|---|---|

**167. PROFESSIONNELLES (Écoles nationales) (Garçons), à Voiron (Isère) (Bois, métaux, céramique, tissage ; à Vierzon (Cher) (toiles et soiries) et Armentiéres (Nord) (tissage). — 1° École primaire supérieure.** *Internal :* 500 fr. *Demi-pension :* 200 fr. *Externat gratuit.* — 12 ou 13 ans. — **2° École primaire élémentaire.** *Internes et externes.* — **3° École maternelle.** — **Bourses au concours. Examen.**

| Avec le certificat d'études primaires (sans examen). | *Examen d'entrée.* Matières du certificat d'études primaires. <br> Concours. <br> *Épreuves écrites.* Composition française (écriture, orthographe), Arithmétique, Dessin géométrique. <br> *Épreuves orales.* Lecture, Grammaire, Arithmétique, Système métrique, Histoire de France, Instruction morale et civique, Sciences physiques et naturelles (à partir de 1892, épreuve pratique de travaux manuels). | Candidats aux Écoles d'arts et métiers et à celles des apprentis et des élèves-mécaniciens de la flotte. Industrie, usines, manufactures. |

**168. PROFESSIONNELLE (École municipale), Estienne, des Industries du livre, 14, rue Vauquelin, Paris.** *Externat gratuit.* 4 ans. 12 à 15 ans. **Concours. Bourses de déjeuner.**

| Certificat d'études primaires. | Dictée, Arithmétique, Dessin d'après la bosse (ornement). | Certificat d'apprentissage (primes) ouvriers habiles et instruits. |

**169. PROFESSIONNELLE (École municipale) d'ameublement (École Boulle), 25, rue de Reuilly, Paris.** *Externat gratuit.* (L'école donne gratuitement aux élèves le déjeuner et le goûter). 4 ans. — 13 à 16 ans. — **Concours.**

| Certificat d'études primaires (être Français et domiciliés à Paris ou dans le département de la Seine). | Dessin d'ornement d'après le relief, Composition française sur un sujet simple. | Certificat d'études professionnelles. Ouvriers habiles et instruits. |

**170. PROFESSIONNELLE (École) centrale des métaux précieux et artistiques, 63, rue de Malte, Paris. — *Externat gratuit.***

| Apprentis, ouvriers, (ouvrières d'art). | Pas d'examen. | Ouvriers et ouvrières habiles. |

| CONDITIONS — Titres des élèves à l'entrée de l'École. | PROGRAMMES D'ADMISSION | Titres et Emplois à la sortie de l'École. |
|---|---|---|
| **171. PROFESSIONNELLE** (École Gutenberg, 41, rue Denfert Rochereau et 20, rue Nicole, Paris. — *Externat*. 1re *catégorie* : Élèves libres non payants. — 2e *catégorie* : Élèves envoyés par les patrons adhérents à l'association. — 3e *catégorie* : Élèves libres payants, 25 fr. par mois. 6 mois au moins pour la 3e catégorie. — 3 ans pour les deux autres catégories. — 13 ans. | | |
| Certificat d'études primaires. | Pas d'examen. | Brevet de capacité. Typographes habiles et instruits. |
| **172. PROFESSIONNELLES** (Écoles), Élisa - Lemonnier. 70, rue d'Assas, (6e arrondissement), 24, rue Duperré (9e arrondissement), 41, rue des Boulets (11e arrondissement), Paris. — (Cours préparatoire). *Externat*. 12 à 15 fr. par mois. 3 ans. — 12 ans au moins. — Examen. Bourses. | | |
| Pas de conditions. | Matières du certificat d'études primaires. | Ouvrières habiles, commerce, industrie, confection, lingerie, peinture sur éventails, sur émaux, etc. Gravures sur bois, broderie pour ameublement, peinture sur verre. |
| **173. PROFESSIONNELLE** (École municipale), 46, rue Bouret, Paris. — *Externat gratuit*. (Pour les élèves des communes suburbaines : 200 fr. par an). 3 ans. — 12 à 15 ans. — Concours. Bourses d'entretien. | | |
| Françaises demeurant à Paris. Certificat d'études primaires. | *Épreuves écrites.* Matières du certificat d'études primaires. | Ouvrières habiles et instruites, couturières, corsetières, lingères, modistes, brodeuses, fleuristes, certificat d'apprentissage. Primes. |
| **174. PROFESSIONNELLE** (École des Ternes), 22 *bis*, rue Bayen (17e arrondissement), Paris. — *Externat gratuit*. 3 ans. — 11 ans. | | |
| Pas de conditions. | Pas d'examen. | Ouvrières habiles, couturières, lingères, repasseuses, giletières, corsetières. |
| **175. PROFESSIONNELLE** (École) de Reims (Marne), 37, rue Libergier. — *Internes :* 750 fr. *Demi-pension :* 400 fr. *Externes gratuits*. 3 ans. — Au moins 12 ans. — Examen. Bourses au concours. | | |
| Certificat d'études primaires ou admissibles aux écoles d'arts et métiers. | Matières de l'enseignement primaire. | Certificat de fin d'études. Agriculture. Industrie. Commerce. |

| CONDITIONS — Titres des élèves à l'entrée de l'École. | PROGRAMMES D'ADMISSION | Titres et Emplois à la sortie de l'École. |
|---|---|---|

**176. PROFESSIONNELLE** (École Livet. Enseignement professionnel et technique ajustage, fonderie, menuiserie, forge, modelage, laboratoire de chimie). (École d'horlogerie), **4, rue Sainte-Marie, à Nantes** (Loire-Inférieure). *Pension : 600 à 800 fr. Demi-pension : 300 à 400 fr. Externes : 100 à 150 fr.* — Cours préparatoire de 4 à 8 ans. — Cours élémentaire : 8 à 12 ans. — Cours professionnel : 12 ans et au-dessus. Chaque cours, 4 ans. Bourses

| Pas de conditions. | Pas d'examen. | Écoles spéciales, Administrations publiques et privées, Industrie, Commerce. Ouvriers horlogers instruits, Marine de l'État. (Les élèves mécaniciens jouissent des prérogatives attachées au grade de second maître, à l'exception du service des machines). |

**177. PROFESSIONNELLE** **École régionale, à Saint-Quentin** (Aisne). — 3 ans. — 13 à 16 ans. — Examen.

| Les élèves munis du certificat d'études primaires (sans examen). | Matières du certificat d'études primaires. | Ouvriers habiles, contre-maîtres pour les principales industries de la contrée. |

**178. PROFESSIONNELLE** École Dombre, **5, boulevard Notre-Dame, à Aix** (Bouches-du-Rhône). — *Pension : 600 fr. Demi-pension : 300 fr. Externat : 150 fr.* (Cours préparatoire aux Écoles d'arts et métiers : 1 an). — 3 ans.

| Pas de conditions. | Pas d'examen. | Candidats aux Écoles d'arts et métiers, à l'École centrale, à l'École des ponts et chaussées. Candidats aux emplois d'élèves mécaniciens des équipages de la flotte. |

**179. PROFESSIONNELLE** École Fabre, **à Aix** (Bouches-du-Rhône). — *Pension : 600 fr. Demi-pension : 300 fr. Externat : 100 fr.*

| Pas de conditions. | Pas d'examen. | Candidats aux baccalauréats ès sciences et de l'enseignement spécial. Candidats aux Écoles d'arts et métiers et aux Écoles du gouvernement. Candidats aux emplois d'apprentis mécaniciens des équipages de la flotte, administrations. |

4.

| CONDITIONS — Titres des élèves à l'entrée de l'École. | PROGRAMMES D'ADMISSION | Titres et Emplois à la sortie de l'École. |
|---|---|---|
| | | |

**180. PROFESSIONNELLE** École primaire supérieure Garçons, à Joinville (Haute-Marne). — *Pension : 500 fr. Demi-pension : 250 fr.* 3 ans. Cours préparatoire dès l'âge de 5 ans, externes ou internes.

| Pas de conditions. | Pas d'examen. | Candidats aux Écoles d'arts et métiers. Mécaniciens et employés pour les établissements métallurgiques. |
|---|---|---|

**181. PROFESSIONNELLE** École municipale Vaucanson (Garçons), à Grenoble Isère. — *Pension : 580 fr. Demi-pension : 320 fr. Externat gratuit.* 4 ans. — (École primaire préparatoire) 11 ans au moins. — Examen d'entrée.

| Les élèves munis du certificat d'études primaires (sans examen). | Matières du certificat d'études primaires. | Diplômes. Candidats au baccalauréat de l'enseignement spécial, au brevet supérieur, à l'École normale d'instituteurs, etc. |
|---|---|---|

**182. PROFESSIONNELLE** (École municipale) (Garçons), 11, avenue de Launay, à Nantes Loire-Inférieure. — *Externat gratuit.* 1ʳᵉ Section professionnelle. 2ᵉ Section commerciale. 3ᵉ Section industrielle. 4 ans. — 12 ans. — Bourses.

| Certificat d'études primaires. | Pas d'examen. | Ponts et chaussées, service vicinal, postes et télégraphes, contributions, douanes, etc. Candidats aux Écoles vétérinaires, à l'École des Beaux-Arts, aux Écoles normales primaires, à l'École des apprentis-mécaniciens de la marine. Ouvriers et contremaitres pour la mécanique, la menuiserie, le moulage, la coupe de pierres et le modelage. |
|---|---|---|

**183. PROFESSIONNELLE** École de l'Est, 17, rue des Jardiniers, à Nancy (Meurthe-et-Moselle). — *Pension : 600 à 700 fr. Demi-pension : 300 fr. Exter-*

| CONDITIONS<br>—<br>Titres des élèves à l'entrée de l'École. | PROGRAMMES D'ADMISSION | Titres et emplois à la sortie de l'École. |
|---|---|---|

*nat :* de 60 à 180 fr. *Externes surveillés :* 20 fr. de supplément annuel. 1 ou 5 ans. (Cours de mécaniciens : 2 ans). — Bourses.

| | | |
|---|---|---|
| Pas de conditions. | Pas d'examen. | Candidats à l'École centrale et aux Écoles d'arts et métiers.<br>Candidats aux emplois de quartiers-maîtres, d'élèves mécaniciens pour les équipages de la flotte.<br>Ajusteurs et constructeurs mécaniciens pour l'industrie privée. |

**184. PROFESSIONNELLE** (École primaire supérieure), à **Saint-Fargeau** (**Yonne**). — *Pension :* 150 fr. *Demi-pension :* 250 fr. *Externat gratuit.* 2 ans.

| | | |
|---|---|---|
| Pas de conditions. | Pas d'examen. | Ouvriers instruits et habiles (menuisiers, charpentiers, serruriers, forgerons, horlogers, etc. |

**185. PROFESSIONNELLE** (École), rue Schneider, à **Oran (Algérie)** (fer, bois, modelage). — *Pension :* 600 à 700 fr. *Demi-pension :* 300 fr. *Externat :* de 60 à 150 fr.

| | | |
|---|---|---|
| Pas de conditions. | Pas d'examen. | Ouvriers instruits et habiles. |

**186. PROFESSIONNELLE** (École municipale Auguste-Drouot Filles, 66, **Grande-Rue, à Nancy** (**Meurthe-et-Moselle**). — *Externat gratuit.* 3 ans. — 13 ans.

| | | |
|---|---|---|
| Les élèves au-dessous de 13 ans doivent être munies du certificat d'études primaires. | Pas d'examen. | Ouvrières instruites et habiles. |

**187. PROFESSIONNELLE MANUFACTURIÈRE** (École) Garçons, 34, rue de **Caudebec, à Elbeuf** (**Seine-Inférieure**). (École drapière. — *Externat.* Élèves de la ville et du canton d'Elbeuf : 60 à 80 fr. par an. — Élèves du département de la Seine-Inférieure 120 à 160 fr. — Élèves des autres départements : 240 à 320 fr. — Étrangers : 380 à 480 fr. — Examen d'admission. 2 ans.

| | | |
|---|---|---|
| Les bacheliers sont dispensés de l'examen. | Mathématiques appliquées. Géographie, Dessin. | Industrie et commerce des tissus. |

| CONDITIONS<br>Titres des élèves à l'entrée de l'École. | PROGRAMMES D'ADMISSION | Titres et Emplois à la sortie de l'École. |
|---|---|---|
| **188. PROFESSIONNELLE ET INDUSTRIELLE** (École, 41, rue de la Paroisse, à Versailles (Seine et Oise). *Pension : 800 à 1 200 fr. Demi pension : 400 à 500 fr. Externes : 150 à 250 fr.* | | |
| Pas de conditions. | Pas d'examen. | Candidats aux Écoles d'arts et métiers et aux emplois d'élèves mécaniciens des équipages de la flotte.<br>Ouvriers instruits et habiles. |
| **189. PROFESSIONNELLE MÉNAGÈRE** (École municipale), 20, rue Fondary, Paris. *Externat gratuit. 2 ou 3 ans. 12 à 15 ans. Examen d'entrée. Bourses d'entretien.* | | |
| Certificat d'études primaires ou certificat d'instruction élémentaire.<br>(Les élèves de 13 ans ayant subi avec succès l'examen d'entrée sont dispensées du certificat d'études primaires). | *Examen d'entrée.* Questions élémentaires d'enseignement primaire : Dictée d'orthographe, Problème d'arithmétique, etc. | Ménagères habiles.<br>Certificat de fin d'études. |
| **190. PROFESSIONNELLE ET MÉNAGÈRE** (École municipale), 26, rue Ganneron, Paris. *Externat gratuit. (Pour les élèves des communes suburbaines : 200 fr. par an.) 3 ans. (4 ans pour les élèves du cours de dessin et de peinture. — 13 ans. Examen d'admission.* | | |
| Françaises demeurant à Paris.<br>Certificat d'études primaires. | *Épreuves écrites.* Matières du certificat d'études primaires. | Ouvrières habiles. Commerce, industrie, administrations, couturières, brodeuses, ouvrières en fleurs et plumes.<br>Dessin industriel, peinture, comptabilité. |
| **191. PROFESSIONNELLE MÉNAGÈRE** (École municipale), 77, rue de la Tombe Issoire, Paris. *Externat gratuit. (Pour les élèves des communes suburbaines : 200 fr. par an.) 2 ou 3 ans. 13 à 15 ans. (12 ans pour les élèves munies du certificat d'études primaires). Concours. Bourses d'entretien.* | | |
| Françaises demeurant à Paris.<br>Certificat d'études primaires (pour les jeunes filles ayant moins de 14 ans). | *Épreuves écrites.* Matières du certificat d'études primaires. | Ouvrières habiles et instruites, bonnes ménagères. |

| CONDITIONS — Titres des élèves à l'entrée de l'École. | PROGRAMMES D'ADMISSION | Titres et emplois à la sortie de l'École. |
| --- | --- | --- |

**192. PROFESSIONNELLE ET MÉNAGÈRE** (École municipale), 14, rue Bossuet, Paris. - *Externat gratuit.* 3 ans. (4 ans pour les élèves du cours de peinture.) - 12 à 15 ans. - Concours.

| Françaises demeurant à Paris. - Certificat d'études primaires. | *Épreuves écrites.* Matières du certificat d'études primaires. | Ouvrières habiles et instruites, bonnes ménagères. Peintres sur porcelaines, faïences, etc., couturières. |
| --- | --- | --- |

**193. PROFESSIONNELLE ET MÉNAGÈRE** (École), 10, rue des Boucheries, à Reims (Marne). *Rétribution scolaire :* 50 fr. par an. 2 ans. — 12 à 15 ans. - Examen.

| Les élèves munies du certificat d'études primaires (sans examen). | Matières du certificat d'études primaires. | Ouvrières instruites et habiles. |
| --- | --- | --- |

**194. PYROTECHNIE MILITAIRE** (École centrale de, à Bourges (Cher). - 1 an ou 2 ans.

| Dans l'artillerie : sous-officiers, brigadiers, artificiers et aspirants à ces grades. On admet des élèves appartenant à d'autres armes. | Pas d'examen. | Praticiens habiles pour la confection et l'emploi des artifices de guerre. |
| --- | --- | --- |

**195. ROLLIN** (collège municipal), 12, avenue Trudaine. (Classes préparatoires). — *Pension :* 980 à 1180 fr. *Demi-pension :* 600 à 1200 fr. *Externes :* 110 à 300 fr. 6 ans. — Examen de classement.

| Pas de conditions. | Pas d'examen. | Candidats aux baccalauréats et aux écoles du gouvernement. |
| --- | --- | --- |

**196. ROME** (École française de), Palais Farnèse. *Traitement :* 3 600 fr. Mission 1 an. Prolongation de règle. Le séjour ordinaire est de 2 ou 3 ans. — Moins de 30 ans.

| 1° Élèves diplomés des écoles normales supérieure des Hautes Études et des Chartes. 2° Membres de 1re année de l'école d'Athènes. 3° Docteurs ou jeunes gens signalés par leurs travaux. | Pas d'examen. | Professeurs de l'enseignement secondaire et de l'enseignement supérieur. |
| --- | --- | --- |

| CONDITIONS — Titres des élèves à l'entrée de l'École. | PROGRAMMES D'ADMISSION | Titres et Emplois à la sortie de l'École. |
|---|---|---|

**197. SAINT-CYR (École spéciale militaire de) (Seine-et-Oise).** — *Internat :* 1 000 fr. — 2 ans. — 17 à 21 ans. — (En 1891, jusqu'à 25 ans, pour les militaires ayant 6 mois de service effectif. — En 1892, militaires âgés de plus de 22 ans au 1er janvier 1892. — En 1893, militaires âgés de plus de 23 ans au 1er janvier 1893. — En 1894, militaires âgés de plus de 24 ans au 1er janvier 1894, n'ayant pas plus de 25 ans au 1er janvier de l'année du concours). Concours. Bourses.

| | | |
|---|---|---|
| Baccalauréat ès lettres ou ès sciences ou de l'enseignement secondaire spécial. | Composition française, Composition mathématique et un calcul logarithmique, Tracé d'une épure de géométrie descriptive, Dessin au crayon d'après la bosse, Copie ombrée d'un paysage, Lavis, Arithmétique, Algèbre, Géométrie, Géométrie descriptive, Géométrie cotée, Trigonométrie rectiligne, Mécanique, Cosmographie, Physique, Géographie générale, Histoire, allemand, ( anglais non obligatoire.) | Officiers pour l'infanterie, la cavalerie et l'infanterie de marine. |

**198. JEAN-BAPTISTE-SAY (École municipale supérieure), 11** *bis*, **rue d'Auteuil, Paris.** — *Externat gratuit. Internat :* 1 000. *Demi-Pension :* 500 fr. *Externes gratuits admis à bénéficier de la demi-pension :* 300 fr. 3 ans. — Externes en 1re année, 12 à 15 ans. En 2e année, 13 à 16 ans. En 3e année, 14 à 17 ans (Internes et demi-pensionnaires). (Examen constatant qu'ils possèdent une instruction primaire moyenne). — Demi-bourses d'internes au concours.

| | | |
|---|---|---|
| Certificat d'études primaires, pour les externes. | Bourses.<br>Pour l'externat.<br>(Comme pour les écoles municipales supérieures n° 153.)<br>Pour les demi-bourses d'internes.<br>1re *Série :* 12 ans à 13 ans, Dictée, Rédaction française, Arithmétique et Système métrique, Grammaire française, Lecture, Histoire de France, Géographie de la France.<br>2e *Série :* Jusqu'à 14 ans, Dictée, Rédaction, Arithmétique et Système métrique, Grammaire française, Lecture, Histoire ancienne et grecque, Géographie de l'Europe.<br>3e *Série :* Jusqu'à 15 ans, Dictée, Composition française, Arithmétique et Géométrie plane, Histoire romaine et Géographie générale.<br>4e *Série :* Jusqu'à 16 ans, Dictée, Composition française, Arithmétique et Géométrie plane, Algèbre, Dessin géométrique, Langue française, Lecture, Histoire du moyen âge, Géographie générale. | Candidats au baccalauréat spécial et aux écoles du gouvernement.<br>Banque, Industrie, Arts industriels.<br>Administrations publiques ou privées.<br>Candidats au certificat d'études primaires supérieures et au certificat d'études commerciales. |

| CONDITIONS<br>—<br>Titres des élèves<br>à l'entrée de l'École. | PROGRAMMES D'ADMISSION | Titres et Emplois<br>à la sortie de l'École. |
| --- | --- | --- |

**199. SCIENCES (École des) ET DES LETTRES à Rouen (Seine-Inférieure).** — *Externat :* 300 fr. — Examen. Bourses.

| | | |
| --- | --- | --- |
| Avec le baccalauréat ès lettres ou ès sciences ou de l'enseignement secondaire spécial (sans examen). | Langue française, Arithmétique, Algèbre, Géographie physique, allemand ou anglais. | Diplôme. |

**200. SCIENCES POLITIQUES (École libre des), 27, rue Saint-Guillaume. Paris.** — *Externat. Élèves :* 300 fr. *Auditeurs :* 50 à 100 fr. *Cours de langues :* 50 fr. *Bibliothèque :* Auditeurs, 30 fr. Personnes étrangères, 50 fr. — 2 ans.

| | | |
| --- | --- | --- |
| Élèves. Inscription d'ensemble sans titre (auditeurs). Inscription partielle sans titre. | Pas d'examen. | Certificat de capacité. Diplôme pour les élèves. Diplomatie, Conseil d'État, Administration, Inspection des finances. Cour des Comptes, Service colonial. |

**201. SERVICE DE SANTÉ MILITAIRE (École de) à Lyon (Rhône).** — *Pension :* 1 000 fr. — Étudiants. Moins de 22 ans, 4 inscriptions. Moins de 23 ans, 8 inscriptions. Moins de 24 ans, 12 inscriptions. Moins de 25 ans, 16 inscriptions. Militaires de 22 à 25 ans. — Concours. Bourses.

| | | |
| --- | --- | --- |
| Baccalauréats ès lettres et ès sciences complet ou restreint. Étudiants de 4 à 12 inscriptions. Militaires de 4 inscriptions, ayant 6 mois de service. | *Épreuves d'admissibilité.* *Candidats* à 4 inscriptions. Composition française sur un sujet philosophique ou d'histoire générale de l'Europe. Histoire naturelle, Physique, Chimie, allemand ou anglais. *Candidats* à 8 inscriptions, Anatomie, Physiologie, allemand ou anglais. *Candidats* à 12 inscriptions, Pathologie générale, allemand ou anglais, Anatomie, Physiologie. *Candidats* à 16 inscriptions, Pathologie, Thérapeutique, allemand ou anglais. Médecine opératoire. *Épreuves définitives.* *Candidats* à 4 inscriptions, Histoire naturelle et physique médicales. *À 8 inscriptions :* Physiologie. Histologie normale. *À 12 inscriptions :* Pathologie générale, interne et externe. *À 16 inscriptions :* Pathologie interne, Hygiène et Thérapeutique. | Les docteurs médecins sont admis à l'École d'application du Val-de-Grâce. Médecins de l'armée active. |

| CONDITIONS — Titres des élèves à l'entrée de l'École. | PROGRAMMES D'ADMISSION | Titres et Emplois à la sortie de l'École. |
|---|---|---|

**202. SOURDS-MUETS (Institution nationale des). 254, rue Saint-Jacques Paris. —** *Internat :* 1 400 francs. 7 ans. — Jusqu'à 21 ans. Boursiers, 9 à 12 ans. Aptitude intellectuelle convenable.

| Pas de conditions. | Pas d'examen. | Typographes, lithographes, sculpteurs, menuisiers, cordonniers, horticulteurs. |

**203. SOURDS-MUETS (Institution nationale des) de Chambéry (Savoie). —** *Internat :* (filles) 400 fr.; (garçons) 400 à 600 fr. — Bourses.

| Pas de conditions. | Pas d'examen. | Ouvrières et ouvriers instruits et habiles. |

**204. SOURDES-MUETTES (Institution nationale des) de Bordeaux, rue Saint-Sernin (Gironde). —** *Internat :* 600 à 1 000 fr. Durée des études : 7 ans. (Classe enfantine : de 6 à 7 ans). — Bourses.

| Pas de conditions. | Pas d'examen. | Ouvrières instruites et habiles. |

**205. SULLY (École supérieure de commerce). 56. rue d'Aboukir, et 54. rue Saint-Sauveur, Paris. —** *Internes :* de gré à gré. *Demi-pension :* 220, 265 et 325 fr. *Externes :* 195, 240 et 300 fr. — Division élémentaire, 4 à 8 ans. Division préparatoire, 8 à 12 ans. Division supérieure ou normale, sans distinction d'âge. Examen de classement.

| Pas de conditions. | Pas d'examen. | Commerce. Industrie. Emplois administratifs. |

**206. TAILLEURS (École professionnelle des apprentis, 99, rue Mont-**

| CONDITIONS — Titres des élèves à l'entrée de l'École. | PROGRAMMES D'ADMISSION | Titres et emplois à la sortie de l'École. |
|---|---|---|

martre, Paris. — *External gratuit.* (Les enfants de familles aisées payent une rétribution). 3 ans.

| Pas de conditions. | Pas d'examen. | Diplômes de capacité, ouvriers habiles, contre-maitres (coupeurs). |

**207. TÉLÉGRAPHIE (École supérieure de), 103, rue Grenelle-Saint-Germain. Paris.** — *External. Élève ingénieur des télégraphes.* Les agents conservent leur traitement et sont détachés à l'école supérieure. 2 ans. — 20 à 30 ans. Excepté pour les élèves des cours préparatoires. — Concours tous les deux ans.

| 1o Agents des postes et télégraphes ayant 2 ans de service. 2o Licenciés ès sciences. 3o Anciens élèves des Écoles polytechnique centrale, normale supérieure, des mines, forestières, des ponts et chaussées (auditeurs libres). | Physique, Chimie, Dessin graphique, Mathématiques, Calcul différentiel, Calcul intégral, Mécanique, anglais ou allemand. | Sous-ingénieurs des télégraphes. Appointements 3 000 fr. Diplôme ou certificat spécial pour les auditeurs libres. |

**208. TIMONERIE (École de), à bord de la *Couronne*.** — 5 mois d'instruction.

| Apprentis marins (timoniers) provenant de *la Bretagne*. | Pas d'examen. | Matelots timoniers habiles pour le service à bord des bâtiments de la flotte, le service de la route, de la sonde et des signaux. Brevets de timoniers. |

**209. TIR (École normale de), au camp de Châlons (Marne) et Écoles régionales.** — 1o Camp de Châlons (Marne) (1er, 2e, 3e et 6e corps). — 2o Camp de Ruchard (Indre-et-Loire) (Paris, 4e, 5e, 8e, 9e, 10e, 11e et 12e corps). — 3o Camp de la Valbonne (Ain) (7e, 13e, 14e, 15e, 16e, 17e et 18e corps).

| *École normale.* — Commission d'expérience. *Écoles régionales.* — Lieutenants ou sous-lieutenants, sous-officiers ou caporaux, officiers de cavalerie. | Pas d'examen. | *École normale.* Professeurs et instructeurs pour les Écoles régionales, capitaines de tir. *Écoles régionales.* Instructeurs. |

| CONDITIONS — Titres des élèves à l'entrée de l'École. | PROGRAMMES D'ADMISSION | Titres et Emplois à la sortie de l'École. |
|---|---|---|

**210. TISSAGE (École de), à Sedan (Ardennes). —** *Externat gratuit.* 3 ans. — 16 ans au moins.

| Les élèves doivent savoir lire, écrire et compter. | Pas d'examen. | Contremaitres et fabricants de tissus. |
|---|---|---|

**211. TISSUS D'ART (École municipale de) et de dessin industriel et décoratif, à Nimes (Gard). —** *Externat gratuit.* **— 16 ans.**

| Les élèves doivent avoir une bonne instruction primaire, dessiner d'après le plâtre et connaître le dessin linéaire. | Pas d'examen. | Contremaitres, fabricants et dessinateurs habiles. |
|---|---|---|

**212. TORPILLEURS (École des), à Toulon, à bord de l'*Algésiras*.**

| 1° Apprentis torpilleurs provenant de *la Bretagne* (5 mois d'instruction). 2° Marins télégraphistes désignés par le Préfet maritime (3 mois d'instruction). 3° Mécaniciens apprentis torpilleurs (5 mois d'instruction). 4° Mécaniciens torpilleurs (2 mois) en renouvellement d'instruction. 5° Chauffeurs torpilleurs choisis parmi les marins inscrits maritimes habitués à la vie des bateaux de pêche (6 mois d'instruction). | Pas d'examen. | Matelots habiles pour le service des bâtiments de la flotte, le service des torpilles et engins sous-marins et de l'éclairage électrique. |
|---|---|---|

**213. TYPOGRAPHIE (École professionnelle de), Imprimerie Chaix, 20, rue Bergère, Paris. —** *Externat.* Apprentissage : 4 ans, 2 mois d'essai. (Gratifications journalières de 0 fr. 50 c. à 2 fr.) — 13 ans au moins pour les compositeurs, les lithographes et les graveurs. — 12 ans pour les autres services. — Examen de classement. Concours.

| Certificat d'instruction primaire élémentaire. | *Concours.* Dictée, Grammaire, Arithmétique, Géométrie, Histoire et Géographie de la France. | Ouvriers habiles, bons contremaitres. |
|---|---|---|

| CONDITIONS<br>—<br>Titres des élèves<br>à l'entrée de l'École. | PROGRAMMES D'ADMISSION | Titres et Emplois<br>à la sortie de l'École. |
|---|---|---|

**214. VÉTÉRINAIRES (Écoles nationales), à Alfort (Seine), Lyon (Rhône), Toulouse (Haute-Garonne).** — *Internat : 600 fr. Demi-pension : 400 fr. Externat :* 200 fr. 4 ans. — 17 à 25 ans. — Concours. Bourses d'après l'ordre de classement.

| | | |
|---|---|---|
| Posséder un des trois diplômes du baccalauréat ès lettres, ès sciences complet ou de l'enseignement secondaire spécial.<br>Les élèves diplômés de l'Institut agronomique ou des Écoles nationales d'agriculture sont dispensés du concours et sont admis de droit. | *Concours d'admission.*<br>Composition française. Solution d'un problème d'arithmétique ou d'algèbre et d'un problème de géométrie. Composition de physique et de chimie. Composition d'histoire naturelle. | Diplôme de vétérinaire. |

Nota. — Si des changements venaient à s'opérer ultérieurement dans les écoles, nous prions Messieurs les Directeurs de vouloir bien nous avertir.

Paris. — Imp. E. Capiomont et Cie, rue des Poitevins, 6.

9 782013 579704